Lexique bilingue
de la bureautique

I10669538

Langues pour tous
Collection dirigée par :
Jean-Pierre Berman, Michel Marcheteau et Michel Savio

ANGLAIS
Langue de spécialité

☐ **Langue des affaires**
Débuter en anglais commercial
L'anglais économique et commercial ●●
Vendre en anglais
Négocier en anglais ●●
Exporter en anglais
Dictionnaire de l'anglais économique, commercial et financier
Téléphoner en anglais ●●
Correspondance commerciale en anglais (GB/US) ●●
Mille phrases commerciales
Score commercial GB/US (100 tests)
Rédigez votre CV en anglais
L'anglais du tourisme, de l'hôtellerie et de la restauration ●●
Dictionnaire de l'anglais des métiers du tourisme
L'anglais juridique
L'anglais de l'assurance

☐ **Série lexique**
Lexique bilingue de l'anglais juridique
Lexique bilingue de la bureautique
Lexique bilingue du commerce international
Lexique bilingue de la comptabilité et de la finance
Lexique bilingue des techniques de commercialisation

☐ **Sciences et techniques**
Communiquer en anglais scientifique ●●
Bilingue : l'anglais scientifique ●●
L'anglais de la science et des techniques, vol. 1 : Productique ●●
Dictionnaire de l'anglais de l'informatique
Dictionnaire de l'anglais des médias et du multimédia

●● = Existence d'un coffret : Livre + K7
Attention ! Les cassettes ne peuvent être vendues séparément du livre.

Lexique bilingue
de la bureautique

par

Jean-Pierre Merle
Ingénieur Supélec

et

Lynn Hammer Merle
B.A., M.A., New York University
Directrice d'Allegro Formation

POCKET

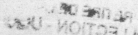

© Pocket-Langues pour tous, 1996

ISBN : 2-266-06872-5

TABLE DES MATIÈRES

INTRODUCTION

Dans tous les bureaux, de la grande entreprise à la petite officine, les micro-ordinateurs ont partout supplanté les machines à écrire et apporté avec eux une foule de fonctions nouvelles et de mots nouveaux qui définissent le champ neuf de « la bureautique ».

Servi par des techniques et des logiciels de plus en plus riches, le bureau se voit souvent aujourd'hui le lieu d'activités moins traditionnelles de publication de documents, de traitement et archivage de données, de comptabilité et calculs divers, de télécommunications de toute sorte avec le monde entier...

Inévitablement, le travail de bureau s'est largement internationalisé et chacun doit tôt ou tard y assurer des échanges avec des étrangers, pour lesquels l'anglo-américain se trouve de fait le langage le plus universellement partagé.

Or, si le vocabulaire français de la bureautique est enseigné en même temps que les métiers correspondants, il est en général beaucoup moins naturel pour les Français d'exprimer en anglais les concepts correspondants, ou de les identifier dans les documentations et notices qui accompagnent matériels et logiciels souvent d'origine américaine.

Ce lexique de la bureautique se veut un outil simple et pratique au service d'utilisateurs et techniciens formés connaissant matériels et techniques, et amenés à traduire en anglais un vocabulaire connu en français. Il s'adresse à une grande variété de rédacteurs et prend donc en compte, en plus du vocabulaire de la **microinformatique** et des **télécommunications** naturellement associé à la bureautique, les éléments les plus fréquemment rencontrés dans le travail de bureau relatif au **langage des affaires** et des **relations humaines**.

L'ouvrage comporte un **lexique anglais-français** suivi d'un **lexique anglais-français** et d'un **index français** offrant chacun un accès alphabétique à une liste spécialisée. Les substantifs sont au singulier seulement, sauf si le pluriel présente des spécificités.

Dans le lexique anglais-français, certaines particularités d'usage sont illustrées au moyen de **phrases types bilingues** regroupées à la fin de chaque rubrique. Le renvoi à ces phrases types est signalé par un numéro placé en exposant après le mot ou l'expression repris dans la phrase type. Dans un objectif de clarté, les abréviations sont systématiquement en majuscules.

Les sections **1 à 7** sont des rubriques par domaine et s'utilisent à partir d'un terme **français** pour trouver l'équivalent anglais ; la section **8** est un résumé d'abréviations anglaises ; la section **9** est un **lexique** qui permet, **à partir d'un terme anglais**, d'obtenir sa traduction et l'endroit où il est cité ; la section **10** enfin est un **index** qui récapitule les termes **français** et donne les numéros de page où l'on peut trouver les traductions correspondantes.

La **rubrique 1** : BUREAUTIQUE INDIVIDUELLE regroupe le vocabulaire des applications de base, qui vont, notamment, du traitement de texte au courrier et du téléphone aux voyages.

La **rubrique 2** : COMMERCE ET INDUSTRIE prend en compte les fonctions de l'entreprise, en particulier ce qui concerne la production industrielle, la comptabilité, les investissements, l'immobilier, la vente, la santé.

La **rubrique 3** : FINANCE ET JURIDIQUE couvre le domaine de l'argent et du droit, et traite par exemple du vocabulaire de la Bourse et autres engagements contractuels : assurances, finances, banque.

La **rubrique 4** : PUBLICATION ET COMMUNICATION met à disposition des rédacteurs, éditeurs ou interprètes, les mots de la publicité, des logiciels graphiques et du multimédia, avec une tentative pour couvrir le vocabulaire en croissance explosive du téléphone, des réseaux de communications et notamment d'Internet.

La **rubrique 5** : RESSOURCES HUMAINES propose des équivalents pour le *management*, la gestion du personnel, les postes hiérarchiques, etc.

La **rubrique 6** : ÉDUCATION ET CONNAISSANCES traite du langage des études, de la science et du savoir, pour ce qui touche principalement à leur transmission : information, documentation, graphisme, publications et conférences. Une présentation succincte des systèmes éducatifs américain et anglais est ajoutée à la fin.

La **rubrique 7** : TECHNIQUE ET MAINTENANCE répond aux besoins de traduction du soutien technique, de l'installation informatique, de la maintenance, de la sécurité.

La **section 8** : ABRÉVIATIONS ET SIGLES donne la liste alphabétique des principaux *acronymes* anglo-américains les plus courants qui envahissent le langage du bureau.

La **section 9** : LEXIQUE ANGLAIS-FRANÇAIS donne pour les termes anglais *a priori* inconnus, mais cités dans l'ouvrage, les traductions françaises correspondantes et les numéros des pages où ils sont présentés.

La **section 10** : INDEX FRANÇAIS regroupe tous les mots français et donne les numéros de page où figurent les traductions correspondantes. Cet index permet donc au lecteur de trouver facilement la traduction anglaise d'un terme même s'il ne sait pas dans quelle rubrique il est classé.

Lexique bilingue
de la bureautique

a-enroulé ; arrobace [1]	AT-sign (@)
abandonner	abort (to)
accent	accent
acceptation	agreement
accessoire	accessory
accolade	brace
accolade droite	closing brace
accolade gauche	opening brace
accomplir	achieve (to)
acompte [2]	account (on —)
acoustique [3] (nom)	acoustics
acoustique (adj)	acoustic
activer	activate (to)
addition	addition
adhésif (ruban)	adhesive (tape)
adresse	address
adresse électronique [4]	e-mail address
aérotransporteur partenaire [5]	airline partner
affichage	display
afficher la règle	show ruler (to)
afficher le presse-papiers	show clipboard (to)
agenda [6]	diary
agenda électronique	electronic organizer
agrafe	staple
agrafeuse	stapler
aide	help
alcootest	breathalyser test
alerte	alarm
aligné à droite	paragraph aligned to the right
aligné à gauche ·	paragraph aligned to the left
alinéa (créer un —)	indent (to)
aller à	go to (to)
aller en bas de la fenêtre	move to bottom of window (to)
aller en haut de la fenêtre	move to top of window (to)
année	year
annuaire [7]	directory

annuel [8]	yearly ; annual
annuler	abort (to) ; cancel (to)
annuler une sélection	cancel a selection (to)
aperçu avant impression	print preview (to)
appel	call
appel de l'extérieur	incoming call
appel local [9]	local call
appel vers l'extérieur [10]	outgoing call
archive [11] (informatique)	backup
archiver	record (to)
arrêt d'urgence	emergency stop
article	item
article de menu [12]	menu command
ascenseur [13] (d'interface graphique)	scroll bar
assistance téléphonique	hot line
astérisque	asterisk
astuce	tip
attendre [14] (s'— à)	expect (to)
autocollant	sticker
automatique	automatic
avancer (l'heure) [15]	bring forward (to)
avant-projet	draft
avion (courrier par —)	airmail (by)
avion	plane
à jour	up-to-date
étranger (à l' —)	abroad
à l'heure [16]	on time
à l'heure (pour quelque chose) [17]	in time (for something)
barre de défilement [13] (d'interface graphique)	scroll bar
barre de titre	title bar
barré	strikethru
basculer	tilt (to)
biannuel	bi-annual
bibliothèque (meuble)	bookcase

11

biennal	biennial
biennal	two-yearly
bimensuel	fortnightly
bimestriel	two-monthly
bloc de papier	writing pad
bombe [18] (message d'alerte)	bomb
bouton	button
bouton « OK »	OK button
bristol (fiche)	index card
bruit de couloir	office rumor
bulletin de consigne	checkroom ticket (US) ; left-luggage ticket
bureaucratie [19]	red tape
bureautique	office automation
bureau de poste	post office
cabine téléphonique	telephone booth (US) ; telephone box (GB)
câble secteur	power cord
caractère gras	bold
carnet d'adresses	address-book
carnet de rendez-vous	diary ; organizer
carte à puce	smart card
carte bancaire	credit card
carte d'identité	identification card
case de fermeture (interface graphique)	close box
casier (à courrier) [20]	mailbox
cellule (tableau)	cell
centré	centered
césure	hyphenation
chambre pour deux personnes	double room
chambre pour une personne	single room
changer	change (to)
changer le jeu de caractères	change the fonts (to)
chèque de voyage	travellers cheque ; travelers check (US)
chiffre [21]	digit

ci-joint [22]	herewith
classeur à anneaux	loose-leaf notebook
clavier	keyboard
clavier numérique	numeric keyboard
cliquer	click (to)
cliquer deux fois	click twice (to)
cocher [23]	tick (to) ; to check (US)
code postal	postcode (GB) ; ZIP code (US)
collant	adhesive
colle	adhesive
coller	paste (to)
combinaison de touches	key combination
combiné (téléphonique)	handset
composer un numéro	dial a number (to)
comptage des mots	word count
comptoir de réservation	ticketing office
conférence à trois (téléphone)	three-party conferencing
conscient de (être)	aware of (to be)
consulter [24] (une liste)	look up (to)
copie (duplicata)	duplication
copier	copy (to)
copier en graphique	copy as picture (to)
copier les formats	copy formats (to)
copier le texte	copy text (to)
corbeille (à papier)	paper basket
corbeille (panier)	tray
corbeille (poubelle)	trash
corbeille « arrivée » [25]	in-tray
corbeille « départ »	out-tray
correcteur orthographique	spell-checker
correspondant (téléphone)	called person ; party (US)
couleur	colour
couper [26] (au téléphone)	cut off (to)
couper	cut (to)
courrier (postal)	mail
courrier électronique	electronic mail (e-mail)
créer	create (to)

crochets	square brackets
croissance	increase
curseur	cursor
dans le monde entier	throughout the world
date [27]	date
de jour	by day
de nuit	by night
débrancher	disconnect (to)
début de la ligne	start of line
début du document	start of document
décade	decennium
décennal	decennial
décennie	decade
déchiqueteuse	shredder
défaut (par —) [28]	default
défaut (anomalie)	flaw
défaut de logiciel	bug
dents de scie (en)	jagged
déplacer	move (to)
désaligné	skewed
désordre [29] (en)	messy
dessin par point	bitmap graphic
destinataire	addressee
diagnostic	diagnosis
dictionnaire	dictionary
différence (écart)	difference
différence (soustraction)	subtraction
dimensionner	size (to)
diminutif [30]	nickname
disque dur	hard disk
disque souple	floppy disk
disquette	floppy disk
distributeur automatique	vending machine
diviser la fenêtre	split window (to)
document joint [31]	attached document
DOM/TOM	French overseas territories
données	data

dossier (chemise)	folder
dossier (d'affaire)	record
double clic	double click
dupliquer	duplicate (to)
écran de démarrage [32]	start screen
effacer	erase (to)
effacer le caractère suivant	delete forward
effectuer la mise en page	page setup
empilé	stacked
emploi	post ; job
employer	use (to)
enregistrer [33]	save (to)
en cas de [34]	in the event of
en dérangement [35]	out of order
en double exemplaire	in duplicate
en retard	late
enregistrer sous ...	save as (to)
entrée (principale)	gate (main —)
entrée	way in
entrer	enter (to)
enveloppe	envelope
enveloppe auto-collante [36]	self-seal envelope
enveloppe à fenêtre	window envelope
enveloppe rembourrée	padded envelope
enveloppe timbrée adressée [37]	self-addressed stamped envelope
envoyer	send (to)
en triple exemplaire	in triplicate
équipement de bureau	office equipment
erreur	mistake
espace-arrière	back space
espace-avant	forward space
espace	space
espacement des lignes	line spacing
état (en bon —)	repair (in good—)
étiquette	label
exception [38]	exception

exclure	put out (to)
exemple	example ; model
extraire	extract (to)
faire-part [39]	formal announcement
faire défiler	scroll (to)
faire glisser	drag (to)
faire glisser et déposer	drag and drop (to)
faire ses excuses	apologize (to)
faire suivre [40]	forward (to)
fauteuil [41]	armchair
faux-numéro	wrong number
faveur [42]	favour
fermer	close (to)
feuilles de cahier	leaves of an exercise book
feuille de calcul	spreadsheet
fiable	reliable
fichage	filing
ficher [43]	put on file (to)
fiche (carton)	card
fiche (électrique) [44]	plug
fiche (formulaire)	form
fichier	file
fin de la ligne	end of line
fin du document	end of document
flèche lumineuse	arrow pointer
fond en comble (de) [45]	thoroughly
format	format
formulaire (imprimé) [46]	form (printed —)
formulation [47]	wording
formules (mathématiques, au pluriel)	formulae
formule	formula
formule de politesse	complimentary ending
formule de salutation	greeting
fourchette d'âges [48]	age bracket
fournitures de bureau	office supplies
frais	expenses

frappe de touche	key-stroke
fuseau horaire	time zone
fusion (courrier)	mail merge
glisser (faire —) [49]	drag (to)
glisser-déposer	drag and drop (to)
graduation	division
grandes lignes	outline
graphe	chart
gras	bold
gratuit	free of charge
hasard (au —) [50]	at random
hauteur	height
hebdomadaire	weekly
hors d'œuvre	appetizer
icône	icon
impliquer (quelqu'un)	involve (to)
impliquer (quelque chose)	imply (to)
incliner	tilt (to)
inclure	include (to) ; add in (to)
indicatif de zone	area code
indicatif du pays [51]	country code
indication d'appel (téléphone)	call waiting signal
information (traitement de l'–)	data processing
informatique	computer science
insérer	insert (to)
insérer une tabulation	insert tab (to)
interprétation visuelle	visual perception
interrogation à distance	remote retrieving
interurbain	long-distance
invitation	invitation
invité	guest
italique	italic
joindre à une lettre	enclose (to)
journalier	daily
jour d'arrivée	arrival day
jour de départ	departure day
lettre	letter

lettre de condoléances	letter of condolence ; sympathy letter (US)
lettre de réclamation	letter of complaint
lettre recommandée	registered letter
lettre standard	form letter
ligne	line
ligne en dérangement (téléphone)	out of order line
ligne occupée (téléphone)	busy line (US) ; engaged line (GB)
ligne pointillée [46]	dotted line
ligne téléphonique	telephone line
lire	read (to)
lire à haute voix	read out loud (to)
lire les informations	get the information (to)
liste de distribution (courrier)	mail-out list
lit double	double bed
lits jumeaux	twin beds
locataire (voiture)	renter
logement	accomodation
long terme	long term
machine à affranchir	franking machine
majuscules	upper case
malheureusement	unfortunately
mal aligné	skewed
manquant [52]	missing
manuel (livre)	handbook
manuel (mode d'utilisation)	manual
marque de paragraphe	paragraph mark
maximum	maximum
mensuel	monthly
menu	menu
message	message
message arrivant	incoming mail
message d'alerte	alarm display
messagerie électronique [53]	electronic mail (e-mail)
message émis (répondeur)	outgoing message

message reçu (répondeur)	incoming message
mettre en réserve	store (to)
miles requis (pour prime de fidélité)	mileage requirement
mini-ordinateur	mini-computer
minimum	minimum
minuscule (caractère)	lower case letter
mise à jour	update
mise en forme	shaping
mobilier	furniture
mobilier de bureau	office furniture
mode d'emploi	directions for use ; operating instructions
modifier	modify (to)
mois	month
mot de passe	password
mot souligné	word underline
ne pas quitter [54] (téléphone)	hold on (to)
nombre impair	odd number
nombre pair [55]	even number
non lu	unread
note de bas de page	footnote
notoriété publique (de —)	well established
nouvelle entrée	new entry
numéro	number
numéro correct	right number
numéro de compte de fidélisation	reward code
numéro de ligne	line number
numéro de page	page number
objet	object
occupé (téléphone)	busy (US) ; engaged (GB)
occurrence [56]	case ; occurrence ; hit
opérateur	operator
option	option
orthographe [57]	spelling
outremer	overseas

ouvrir	open (to)
ouvrir tous types	open any file (to)
« pages jaunes »	yellow pages
paie	salary ; wage
pair	even (number)
palette de couleur	colour palette
palette flottante	floating pad
paperasse[58]	paperwork
papeterie (fourniture)	stationery
papier	paper
papier (taille)	page size
papier aluminium	tinfoil
papier à bord déchiqueté	deckle-edged paper
papier à en-tête	headed note-paper
papier buvard	blotting paper
papier carbone	carbon paper
papier de brouillon	scratch pad
papier d'emballage	wrapping paper
papier de machine à écrire	writing-paper
parafeur	parapheur
paragraphe	paragraph
paramètre	parameter
parenthèse	parenthesis
partagé	shared
par défaut	by default
par la présente [59]	hereby
passer prendre	collect (to)
PCV (appeler en—)	collect (to call —) (US) ; return charge (to call —) (GB)
pelure (papier)	flimsy (paper)
permis de conduire	driving license
personnalisation	customization
photocopieur	photocopier ; photocopy machine
pièces de monnaie	coins
pièce de rechange [60]	replacement part ; spare part
pièce jointe	enclosure

pied de page	footer
plage (de valeurs)	range
plan	outline
plat à emporter	take-out
plat du jour	todays special
plat principal	main dish
poignée	handle
point (ponctuation)	full stop ; period (US)
point-virgule	semi-colon
pointeur (interface graphique)	cursor
point d'insertion	text insertion point
pointeur de la souris	mouse cursor
points de suspension	dots
point de vue [61]	outlook
police (jeu de caractères)	font
politesse (formule finale de —)	complimentary ending
poste (bureau de —)	post office
poste aérienne (par)	airmail (by)
poste de police [62]	police station
poste restante	general delivery (US) ; poste restante (GB)
poubelle	trash
pourcentage	percentage
pour démarrer	getting started
précision	accuracy
prendre en voiture [63]	pick up (to) (US) ; collect (to)
prendre rendez-vous	make (to) an appointment
presse-papier [64]	clip-board
prévision météorologique	weather forecast
prière de faire suivre	please forward
primaire	primary
prime	bonus
prime (de fidélité) [5]	reward
prise (électrique) [65]	power plug
prise secteur	power socket
prix (de billet)	fare
prix de vente	sale price

procédure (réglement)	regulation
programme de fidélisation aérien [5]	frequent flyier program
quinquennal	quinquennial
quitter	quit (to)
quotidien	daily
raccourci-clavier	key shortcut
raccrocher	hang up (to)
rame (de papier)	ream
ranger [66]	put away (to)
rappeler (par téléphone)	call back (to)
réacheminer	forward (to)
rechercher	ind (to)
réclamation	claim
reconnaissant	grateful
recouvrement (superposition)	overlapping
redémarrer	restart (to)
redémarrer (ordinateur)	reboot (to)
références	references
réglable	adjustable
remettre à plus tard [67]	postpone (to)
remplacer	replace (to)
remplir	fill in (to)
rendez-vous [68]	appointment
renseignement (s)	information
renseignements complémentaires	further details
réparateur [69]	repairman
repas d'affaires	business meal
répertoire	directory
répondeur téléphonique	answer phone ; answering machine (US)
répondre	reply (to)
réponse	reply
reporter	postpone (to)
réserver une place	book a seat (to)
restauration rapide	fast food

rester lettre morte	go unheeded (to)
retour-arrière	backspace
retour-chariot (RC)	carriage return (CR)
retour à la ligne	new line (NL)
rétroactif	backdated
rétroactif [70] (juridique)	retroactive
réunion [71]	meeting
revenu	income
ruban	tape
ruban adhésif	adhesive tape
saisie	acquisition
salle des urgences	emergency room
salutation (formule de —)	greeting
sans retard	at once ; without delay
saut de ligne	line break
saut de page	feed form (FF) ; page break
secondaire	secondary
secrétaire	secretary ; personal assistant
secrétariat	secretarial management ; clerical staff
séjour	stay
sélectionner	select (to)
sélection	selection
semi-annuel	semi-annual
service [72]	favor
se demander si [73]	wonder whether (to)
sens du tri	sorting order
services gratuits (téléphone)	toll free services
signal d'appel (téléphone)	call waiting
signature	signature
sonnerie (porte)	bell (door —)
sonnerie (téléphone)	ring
souligné	underline
soumettre	submit (to)
spécialité de la maison	specialty of the house
stabiliser [74] (se —)	level out (to)
statistiques	statistics

style [75]	style
supprimer	delete (to)
surclassement	upgrade
surface	area
surlocation [76]	overbooking
tableau	chart
tâche	task
taille	size
taper (à la machine)	typewrite (to)
taux	rate
taxiphone	pay phone (US)
télécopie	fax
téléphoner	call (to) (US) ; ring up (to) (GB)
téléphone bureau	office telephone number
téléphone domicile	home phone number
téléphone mains-libres	free-hand phone
temps d'arrêt	pause
temps libre [77]	spare time
temps opportun (en —)	in due course
terrain (sur le —)	field (in the)
tête de colonne	column title
tête de ligne	line title
texte	text
texte caché	hidden text
tirer au sort	draw lots (to)
tiret	dash (-)
tiroir	drawer
tonalité [78]	dialling tone
touches de direction [79]	arrow key(s)
touche de fonction [80]	function key
touche ÉCHAPPEMENT	escape key (ESC)
tracer	plot (to)
trait d'union	hyphen
traitement de texte	word processor, -ssing
trait dédoublé	double line
transfert d'appel (téléphone)	call forwarding
transfert d'appel	call transfer

transport	transportation
travail de bureau	clerical work
travail déconnecté (hors ligne)	off-line work
travail en ligne	on-line work
trier	sort (to)
trimestriel	quarterly
tri	sorting out
tri croissant	ascending order sorting ; forward sorting
tri décroissant	backward sorting ; descending order sorting
truc	tip
type	type
unité (téléphone)	unit charge
unité	unit
utilisateur	user
vacance (absence)	vacancy
vacances (partir en —) [81]	holiday (to go on —)
vacances	vacation (US)
valeur	value
variation saisonière	seasonal swing
ventiler (analyse) [82]	breakdown (to)
vérifier	check (to)
veuf (—ve)	widow
veuillez agréer…	yours sincerely
vibreur	buzzer
vidéo-conférence	video conferencing
vin millésimé	vintage wine
virgule (,)	comma (,)
virgule décimale	decimal point
visiteur	visitor
visualiser	display (to)
voiture de fonction [83]	company car
volet [84]	panel
vol (avion)	flight
vol (délit)	theft
vol de retour	return flight

vol direct	**through flight**
voyage d'affaires	**business trip**
vue	**view**
zéro (quantité)	**nought**
zéro (résultat)	**null**
zéro (chiffre)	**zero**
zone	**zone**
zone d'affichage [85]	**active video area**
zone d'impression	**printing zone**
zone de saisie	**editing box**
zoom sur la fenêtre	**window zoom**

1. Le caractère a-enroulé (@) est habituellement associé à une localisation ou une adresse.

   The AT-sign (@) usually introduces a location or an address.

2. Je vous envoie un acompte de 1000 F pour la réservation de la chambre d'hôtel.

   I'm sending a thousand francs on account for the hotel reservation.

3. L'acoustique de la salle B est meilleure.

   The acoustics of meeting room B is better.

4. L'adresse électronique sur Internet vous permet d'échanger instantanément des messages avec le monde entier.

   The e-mail address on Internet allows you to exchange messages instantly with the entire world.

5. Le programme de fidélisation aérien permet d'obtenir des primes même sur les vols des compagnies partenaires.

   The frequent flier program allows rewards even when flying on airline partners.

6. Tenir un agenda et organiser sa semaine c'est bien ; prévoir l'ordre du jour de chaque réunion c'est mieux !

   Keeping a diary and planning one's week is good; planning the agenda for every meeting is better!

7. Notre système de messagerie gère aussi l'annuaire téléphonique.

   Our e-mail also handles the telephone directory.

8. La dette se rembourse par versements annuels.

   The debt is redeemable by yearly payments.

9. À l'hotel Ramada de Portland, les appels téléphoniques locaux sont gratuits.

   The Ramada hotel in Portland offers free local calls.

10. Il faut faire le 9 pour les appels vers l'extérieur.

    You have to dial 9 for outgoing calls.

11. Mettez les archives de la semaine à l'abri dans le coffre, s'il vous plaît.

Please put the weekly backup away in the safe.

12. Tous les articles de menu ont des raccourcis-clavier.

Every menu item has a keystroke shortcut.

13. Une fenêtre d'interface graphique comporte sur le côté droit un ensemble de bouton-flèches appelé « ascenseur » pour faire défiler l'affichage dans le sens vertical.

On the right side a graphical interface window shows a set of arrow-buttons called 'scroll bar' to scan the display vertically.

14. Nous attendons le paiement d'une très grosse commande à tout moment.

We are expecting payment of a very big order any day now.

15. Nous serons obligés d'avancer le départ de 16h à 14h.

We will have to bring forward the departure from 4 p.m. to 2 p.m.

16. Il va sans dire qu'il vous faut arriver à l'heure.

It goes without saying that you must be on time.

17. Heureusement, il est arrivé juste à l'heure pour son avion.

Fortunately, he arrived just in time for his plane.

18. Certains ordinateurs affichent une bombe en cas d'erreur irrémédiable.

Some computers display a bomb when a final error occurs.

19. Toute cette bureaucracie m'agace.

All this red tape gets on my nerves.

20. C'est une bonne idée de vérifier son casier au bureau plusieurs fois par jour.

It's a good idea to check your mailbox at the office several times a day.

21. Son salaire annuel a atteint un nombre à sept chiffres (en francs) !

His annual salary has reached a six-digit figure (in dollars).

22. Nous envoyons ci-joint notre devis.

We are enclosing our estimate herewith.

23. Veuillez cocher la case qui convient.

Please tick (US : check) the appropriate box.

24. Je vais consulter mes fiches pour trouver les références.

I'll look up the references on my index cards.

25. Je vérifie toujours la corbeille du courrier en arrivant le matin.

I always check my in-tray first thing in the morning.

26. Je regrette, mais la ligne a été coupée.

I'm sorry, but we were cut off.

27. Aux Etats-Unis, la date en chiffres commence par le numéro du mois, comme 12/24/99 pour Noël 1999.

In the United States, a date in figures begins by the month, such as 12/24/99 for Christmas 1999.

28. Les choix par défaut constituent de l'expertise en conserve.

The default choices are made of preserved expertise.

29. Je ne supporte pas un bureau en désordre.

I can't stand a messy office.

30. Certains diminutifs, comme « Chuck » pour « Charles » manquent de dignité pour un homme.

Some nicknames, like 'Chuck' for 'Charles', seem undignified for a grown man.

31. Vous trouverez toutes les informations nécessaires sur les documents ci-joints.

You will find all the information required on the attached documents.

32. L'écran de démarrage est une jolie image qui s'affiche sur l'ordinateur à la mise sous tension

The start screen is a nice picture displayed on the computer at power-on.

33. Quand on travaille avec un ordinateur, c'est une

When working on a computer, it is wise to save one's

bonne précaution d'enregistrer son travail toutes les 15 minutes.

work every 15 minutes.

34. En cas d'urgence, vous pouvez me joindre à mon numéro de téléphone chez moi.

In the event of an emergency, you may reach me at my home phone number.

35. On ne peut pas se permettre d'avoir une ligne téléphonique en dérangement.

We cannot afford to have a telephone line out of order.

36. Les enveloppes autocollantes économisent bien du temps.

Using self-seal envelopes is a good time-saver.

37. Je vous prie de trouver ci-joint une enveloppe timbrée à mon adresse.

Enclosed/Herewith please find a self-addressed stamped envelope.

38. C'est l'exception qui confirme la règle.

It's the exception that proves the rule.

39. Avez-vous reçu le faire-part d'ouverture du cabinet Heller ?

Did you receive the announcement of the opening of Heller's law firm?

40. Prière de faire suivre.

Please forward.

41. Quelques fauteuils confortables font très bien dans un bureau.

A few comfortable armchairs look quite nice in an office.

42. Pourriez-vous me faire une faveur ?

Could you do me a favour?

43. Tous les meneurs sont fichés à la police.

The police have files on all the subversives.

44. La première chose à faire est de vérifier que la fiche est bien connectée.

The first thing to do is to check that the plug is properly connected.

45. Nous avons vérifié nos archives de fond en comble et ne trouvons aucune trace de votre commande.

We have thoroughly checked our records and have found no trace of your order.

46. « Veuillez signer sur les pointillés » est une phrase souvent utilisée sur les formulaires.

'Please sign on the dotted line' is a phrase you will see on many official forms.

47. Votre demande est mal formulée.

The wording on your application is inadequate.

48. Chaque fourchette d'âges a ses problèmes et intérêts particuliers.

Each age bracket has its particular problems and interests.

49. Eliminez les fichiers dont vous n'avez plus besoin et éjectez les disques souples en faisant glisser leurs icônes sur la poubelle.

Discard files you no longer need and eject floppy disks by dragging their icons to the trash.

50. Pour notre démarchage téléphonique, nous avons choisi des sociétés au hasard à partir du répertoire de la Chambre de Commerce Américaine en France.

For our promotional telephoning, we chose companies at random from the directory of the American Chamber of Commerce in France.

51. Pour téléphoner en Angleterre, taper l'indicatif de pays 44.

To make a phone-call to the United Kingdom, the country code to dial is 44.

52. Malheureusement, il semble y avoir plusieurs chèques manquants.

Unfortunately, several checks seem to be missing.

53. Une messagerie électronique se compose d'un système de stockage, d'un réseau de communication et de terminaux d'utilisateurs.

An electronic mail consists of a storage system, a communication network and user terminals.

54. Ne quittez pas, je vous prie ; je vous passe le service concerné.

Hold the line, please. I'll put you through to the right department.

55. J'oublie toujours comment dire nombres pairs et impairs en anglais.

I'm always forgetting how to say odd and even numbers in French.

56. Il y a trop d'occurences avec ces critères de recherche pour les afficher.

These searching key-words brought too many hits for display.

57. Quand on a un doute sur l'orthographe d'un mot, il faut faire vérifier par l'ordinateur.

When you're not sure of the spelling of a word, you should have the computer check it.

58. Il y a trop de paperasse à faire dans ce travail.

There is too much paper-work in this job.

59. J'autorise par la présente un retrait de 50 000$ de mon compte courant.

I hereby authorize a withdrawal of $50,000 from my current account.

60. Il faudrait commander la pièce de rechange pour l'imprimante tout de suite.

The replacement part for the printer should be ordered right away.

61. Il a toujours eu un point de vue positif à l'égard de la vie.

He has always had a positive outlook towards life.

62. Il a passé la nuit en cellule au poste !

He spent the night in a holding cell at the police-station!

63. On passera vous prendre à votre hôtel pour vous emmener dîner.

We'll pick you up at your hotel and take you out to dinner.

64. Le presse-papier est un espace de stockage temporaire qui facilite les échanges de textes, d'images et même de sons entre programmes.

The clipboard is a temporary storage space which simplifies the transfert of text, pictures and even sounds between programs.

65. Ce bureau est réellement clair et agréable mais il

It's true this office is bright and cheery but there are not

n'y a pas assez de prises électriques pour tous nos appareils.

enough plugs for all our machines.

66. C'est merveilleux d'avoir une secrétaire qui adore ranger !

It's great to have a secretary who loves to put things away!

67. Je préférerais qu'on remette la discussion de cette affaire importante à demain matin.

I would prefer to postpone the discussion of this important matter until tomorrow morning.

68. Il a pris rendez-vous avec le chef du personnel.

He made an appointment with the staff manager.

69. On attend le réparateur à tout moment.

We are expecting the repairman any minute.

70. La loi est mise en application avec effet rétroactif à compter du 1er octobre.

The law is in force, retroactive to October 1st.

71. Le directeur commercial est pris par des réunions tout l'après-midi.

The sales manager is tied up in meetings for the whole afternoon.

72. Pourriez-vous me rendre un service ?

Could you do me a favor?

73. Le directeur se demande si une augmentation systématique est vraiment nécessaire.

The manager wonders if an across the board raise is really necessary.

74. Pendant la dernière année le taux de chômage s'est stabilisé à 9 %.

The unemployment rate has levelled off at 9%, during the last year.

75. Dans un traitement de texte moderne, la mise en forme des caractères et l'espacement des lignes font partie des attributs de paragraphes qui peuvent être rattachés à un style.

In modern word processors, character enhancement and line spacing are paragraph-attributes which can be linked to a style.

76. Cette compagnie aérienne est connue pour pratiquer la surlocation.

That airline is famous for overbooking.

77. Comment occupes-tu ton temps libre ?

What do you do in your spare time?

78. Je n'ai pas de tonalité : la ligne est morte !

I am not getting the dialling tone: the line is dead!

79. Les touches de direction regroupent les quatre touches : Haut, Bas, Gauche, Droite.

The four arrow-keys are: Up, Down, Left and Right.

80. Les touches de fonction génèrent d'un coup des séquences complexes.

The function keys send complex sequences with only one stroke.

81. Le président est parti en vacances jusqu'au 31 août.

The chairman is away on vacation until August 31st.

82. Les chiffres de ventes et des coûts étaient ventilés geographiquement par régions.

The sales figures and costs were broken down geographically by areas.

83. Une voiture de fonction constitue un avantage supplémentaire intéressant.

A company car is definitely a useful fringe benefit.

84. Séparer l'écran en deux volets permet de voir simultanément des parties éloignées du texte.

Splitting the screen in two panels allows simultaneous display of distant parts of the text.

85. La zone d'affichage sur l'écran d'un micro-ordinateur est habituellement de 480 lignes de 640 points.

The active video area on a micro-computer screen usually covers 480 lines of 640 pixels.

accusé de réception [1]	**acknowledgement**
accuser réception	**acknowledge receipt (to)**
achat	**purchase**
acompte [2]	**account (on —)**
actif comptable	**assets**
actif disponible	**floating assets**
affacturage	**factoring**
agence immobilière	**real estate agency**
agent immobilier	**broker**
âge minimum [3] (pour louer une voiture)	**rental minimum age**
ambulance	**ambulance**
amortissement (financier)	**depreciation**
appartement 2 pièces [4]	**3½ flat**
appel d'offres	**request for proposals (RFP)**
appellation d'origine	**label of origin**
artisan	**craftsman**
atout [5]	**asset**
attente (en)	**pending**
au comptant	**cash**
automatisation de production	**manufacturing automation**
avis de livraison	**delivery notice**
à débattre [6]	**nearest offer (o.n.o=or —) (GB)**
bail (de location)	**lease**
barème [7] (tarif)	**list (price —)**
bénéfice (non commercial)	**benefit**
bilan [8]	**balance sheet**
bon de commande	**order form**
brancard	**stretcher**
brut	**gross**
bulletin de salaire [9]	**pay slip**
bureau (immeuble)	**office**
cadran	**dial**
cahier des charges	**requirements (US) ; specifications**
caisse à claire-voie	**crate**

cantine	cafeteria
catalogue	catalogue
catégorique [10]	definite
ceinture de sécurité	safety belt
chaîne de montage	assembly line
chef de produit	product manager
chiffre d'affaires [11]	turnover
chiffre des ventes	sales
cible [12]	target
civière	stretcher
classer [13] (se)	rank (to)
classeur (chemise)	binder ; folder
classeur (meuble)	filing cabinet
classeur à rideau	roll shutter
clé-en-main (système)	turnkey project
commande	order
commande par correspondance	mail order
commanditaire	silent partner
commerce extérieur	foreign trade
compagnie d'envergure mondiale	world-wide company
comptabilité (service de la)	accounting department
concurrent	competitor
conditionnement	packaging
conditions de vente	terms of sale
conducteur supplémentaire	complementary driver
conformité aux normes légales	compliance with legal demands
Conseil d'Administration	Board of Directors
construction mécanique	mechanical engineering
contact commercial [14]	prospect
contractuellement	contract (by —)
contrat [15]	contract
contrat de location (voiture)	rental agreement
contre remboursement (livré –)	cash on delivery (COD)
convenir à [16]	suit (to)

court terme	short term
crèche [17]	day care center
crédit immobilier	mortgage, real estate credit
dactylo	typist
dans le monde entier	throughout the world
débattre [6] (à —)	nearest offer (o.n.o=or —) (GB)
décomposer (analyse) [18]	breakdown (to)
délai (préavis) [19]	notice (short —)
délai (échéance) [20]	deadline
déménager	move (to)
dépendre de [21]	report to (to)
dépenses d'investissement	capital expenditure
déposer le bilan [22]	go bankrupt (to)
détail (au —)	retail
détaillant	retailer
devis [23]	estimate
directeur	division head ; manager
directeur des exportations	export manager
directeur des ventes	sales manager
directeur général	general manager
directeur général adjoint	deputy general manager
directeur général adjoint	vice-président
direction	management
dirigeant d'entreprise	chief executive
diriger un département	head a department (to)
disponibilité	availability
distributeur agréé	authorized dealer
distributeur exclusif	exclusive distributor
documentation	documentation ; literature
échantillon	sample
échelle mobile	sliding scale
écriture (comptable)	accounting entry
effectif	staff
emballage	packaging
ensemble (de produits)	bundle
entrepôt	wharehouse

entreprise (petite)	**business (small)**
entreprise	**company ; concern ; firm**
entretien (réparation)	**maintenance**
entretien d'embauche	**job interview**
hors des heures de bureau [24]	**after hours**
entrepôt sous douane	**bonded warehouse**
enveloppe métallique	**casing**
envergure [25]	**caliber**
équipe de jour	**day shift**
équipe de nuit	**night shift**
étranger (à l' —)	**abroad**
exécuter une commande	**carry out an order (to)**
exercice (comptable)	**fiscal year**
exercices antérieurs	**previous years**
exigence [26]	**requirement**
expédier	**dispatch (to) ; ship (to)**
expéditeur	**sender**
expédition	**shipment**
expérience professionnelle	**professional record**
expérimenté	**qualified**
exploitant	**operator**
exposé (en vitrine)	**on display**
exposition (en —)	**on display**
exposition (salle d' —)	**showroom**
fabricant	**manufacturer**
fabrication assistée par ordinateur (FAO)	**computer assisted manufacturing (CAM)**
facturation	**invoicing ; billing procedure**
facture [27]	**bill ; invoice**
faillite	**bankruptcy**
faire des heures supplémentaires	**work overtime (to)**
femme d'affaires	**businesswoman**
feuille de paie	**payslip ; pay stub (US)**
feuille de présence	**attendance sheet**
fiche-client	**customer card**
fiche signalétique	**identification sheet**
fiche technique	**specification sheet**

filiale [28]	subsidiary
fixe (salaire)	fixed salary
fixer des objectifs	set objectives (to)
fonctionnaire [29]	civil servant ; state servant
fondé de pouvoir	proxy
fond de roulement	working capital
force de vente nationale	home sales force
force majeure (cas de —)	act of God
fournisseur	supplier
frais d'abandon (location véhicule)	one way fee ; return charge
frais d'annulation	cancellation charges
frais d'établissement	start-up costs
frais de fonctionnement	operating expenses
frais de manutention	handling charges
frais fixes	fixed charges
frais généraux [30]	overhead costs (GB) ; overhead (US)
franco	free of payment
gagner (de l'argent)	make money (to)
garçon de bureau	office aid
gardien	watchman
gardien de nuit	nightwatchman
gestion de production	manufacturing management
gros (vente en —)	wholesale
grossiste	wholesale dealer ; wholesaler
groupement d'intérêt économique (GIE)	intercompany management syndicate
groupe de travail [31]	work group
groupe international	world-wide company
guichet (comptoir)	counter
guichet (de gare)	ticket office
guichet (vitré)	window
haute qualité	gilt-edged ; top quality
heures de bureau	office hours
heures de bureau (hors des –) [24]	after hours
heures supplémentaires	work overtime (to)

homme d'affaires	businessman
horaire variable, souple	flexible working hours (FWH); flextime (GB)
horloge pointeuse	time-machine
immobilier	real estate
immobilisations	fixed assets
importateur	importer
importation	import
imputation	accounting procedure
inclure	add in (to); include (to)
indemnité de licenciement	severance pay
industrie lourde	heavy industry
ingénierie	engineering
insonorisation	acoustic treatment
intermédiaire [32]	middleman
intéressement (aux bénéfices)	profit sharing
investissement (achat)	investment
investissements (bilan)	fixed assets
issue de secours	emergency exit
jour ouvrable	business day
lancer [33]	launch (to)
lettre de voiture	consignment note; way-bill
lever (la séance) [34]	adjourn (to — the meeting)
licencier (pour raisons économiques)	lay off (to)
license d'importation	import licence
ligne de produits	product line
livraison	delivery
locaux (commerciaux) [35]	premises
logiciel de comptabilité	accounting software package
lotissement (habitations)	housing estate
louer	hire (to); rent (to) (US)
loyer	rent
machine-outil	machine tool
main d'œuvre	labourforce; manpower
mandataire	authorized agent
manuel d'initiation	beginners handbook

manutention (frais de —)	**handling charges**
marchandage	**bargaining**
marché	**market**
marge brute	**profit margin**
marge brute d'autofinancement [36]	**cash flow**
marge de sécurité	**safety margin**
matières premières	**raw materials**
médecin [37]	**doctor (MD)**
médecin du travail	**company doctor**
milieux d'affaires	**business circles**
milieu de gamme	**mid-range**
minimum	**minimum**
négociation	**negotiation**
nommer [38]	**appoint (to)**
note (d'hotel)	**bill**
note de frais [39]	**expense account**
note de service	**memorandum (memo)**
notice technique	**specification**
ordonnancement (de la facturation)	**passing for payment**
ordonnancement (de la production)	**scheduling (of production)**
outils (boîte à —)	**tool box**
paiement à la commande	**cash with order**
paiement à la livraison	**cash on delivery (COD)**
panneau d'affichage	**bulletin board**
panorama de l'exercice	**financial highlights**
papeterie (boutique)	**stationers shop**
papier à bulle [40]	**bubble wrap**
part du marché	**market share**
passe (clé)	**master key**
pénétrer (un marché)	**break into (to)**
permanence	**24 hours service**
permis de construire	**planning permission**
perspective	**outlook**
pertes	**losses**

pièces (à —)	coin-operated
planification	project management
plan de masse (édifice)	overall plan
poids lourd (véhicule)	heavy-goods vehicle
pointer à l'entrée (de l'usine)	clock in (to)
pointer à la sortie (de l'usine)	clock out (to)
police-secours	emergency services
politique de prix [41]	pricing policy
pompier	fireman
population active	work force
port dû (en)	carriage forward
port payé (en)	carriage paid
post-dater	date forward (to)
poste (administration de la —)	post office
poste (téléphonique)	extension
Président-Directeur Général (P-DG)	Chairman and Managing Director (GB) ; President (US)
Président du Conseil d'Administration	Chairman of the Board
président (de compagnie)	chairman
prévision	forecast
prime (à payer)	premium
prix (coût) [42]	price
prix actuel	going price
prix à débattre [6]	nearest offer (o.n.o=or —) (GB)
prix coûtant	cost price
prix d'achat	purchase price
prix de détail	retail price
prix de fabrique	factory price
prix de gros	wholesale price
prix de lancement	introductory price
prix de revient	cost
prix de vente	selling price
prix écrasé	rock bottom price
prix en promotion	discount prices

prix imposé	regulation price
procuration [43]	proxy
procuration [44]	power of attorney
productique	computer integrated manufacturing (CIM)
profit	profit
promotion (vente en —)	special offer
promotion [45]	promotion
proportionné à [46]	commensurate with
prospectus	handout ; leaflet
qualité [47] (service —)	quality control
qualiticien	quality man
rabais	discount
raison sociale	company name
rapport annuel	annual report
réception (comptoir de —)	front desk
recette (test de —)	acceptance test
recrutement	recruitment
Registre du Commerce	Trade Register
réglement (de facture) [48]	settlement (of invoice)
réglement de sécurité	safety regulation
relevé de déplacement	travel expense account
remboursement de frais	reimbursement of expenses ; repayment of expenses
repas d'affaires	business meal
report [49]	forward
report à nouveau (comptabilité)	amount carried forward
représentant de commerce	representative (rep)
représentant de commerce	salesman
reprise (Bourse)	rally
reprise (économique)	pickup ; upward turn ; rally
réseau mondial de distributeurs	worldwide network of dealers
réserve (salle)	store-room
responsable de	responsible for
restaurant d'entreprise	cafeteria
restauration rapide	fast food

résultat d'exploitation	operating profit
revendeur	reseller
salaire fixe	fixed salary
salarié	employee
salle des urgences	emergency room
sans retard	at once ; without delay
schéma directeur	guidelines
séance de travail	working session
secrétaire de direction	executive secretary (US) ; private assistant
secrétariat	clerical staff
sens des affaires	business acumen
service après-vente	after-sales service
service de nuit	all-night service
service public	public utility (-ies)
siège social [50]	headquarters ; registered office
signature autorisée	authorized signature
société anonyme (SA)	corporation ; PVC : private limited company (GB)
société à responsabilité limitée (SARL)	limited liability company
société mère	parent company
souche	stub
station de location	rental agency
station retour (voiture)	check-in station
stocks	inventory
studio (immobilier) [51]	2½ flat
subalterne	underling
succursale	branch
tarif	pricelist
taux de pénétration (du marché)	market share ratio
taxe d'aéroport	airport tax
taxe sur la valeur ajoutée (TVA)	value added tax (VAT)
temps mort	slack period
termes définis (selon les —)	convening terms (by the)
transporteur	carrier

transport international	**international forwarding**
travail routinier	**routine work**
usine	**factory**
veilleur de nuit	**nightwatchman**
vendeur (vendeuse)	**salesperson**
vendeur	**salesman**
vendeuse	**saleswoman**
ventes	**sales**
voyage d'affaires	**business trip**
zone industrielle [52]	**industrial park**

1. La messagerie électronique de l'entreprise envoie automatiquement un accusé de réception à la lecture du message par le destinataire.

   The corporate electronic mail automatically sends an acknowledgement when the addressee reads the message.

2. Je vous envoie un acompte de 1000 F pour la réservation de la chambre d'hôtel.

   I'm sending a thousand francs on account for the hotel reservation.

3. Quand vous louez une voiture aux Etats-Unis, l'âge minimum est de 21 ans.

   In the United States of America, the car rental minimum age is 21.

4. Un appartement avec une chambre est indiqué « 3½ » dans les petites annonces aux USA.

   In the US, a flat with one bedroom is called '3½' in the classified advertisements.

5. Il va sans dire que votre connaissance de l'informatique représente un atout majeur.

   It goes without saying that your computer knowledge is a great asset.

6. Il demande 10 000 £, prix à débattre.

   He is asking £10,000 or nearest offer.

7. Nous pouvons vous envoyer le barème des prix par la poste aujourd'hui.

   We can mail the pricelist to you today.

8. Un bilan est un état comptable de l'actif, du passif et des dettes d'un particulier ou d'une entreprise à une date donnée.

   A balance sheet is a financial statement summarizing the assets, liabilities and net worth of an individual or a business at a given date.

9. Il est souvent nécessaire de présenter un bulletin de salaire quand on loue un appartement.

   You often need to submit a payslip when renting an apartment.

10. Nous pensons que leur refus constitue un « non » catégorique.

We think their refusal is really a definite 'no.'

11. Les ventes en Europe représentent les deux tiers de notre chiffre d'affaires.

Sales in Europe account for two-thirds of our turnover.

12. Notre cible cette année est de doubler les ventes et de commencer l'export vers l'Europe de l'Est.

This year's target is to double sales and begin exporting to Eastern Europe.

13. Notre société est classée parmi les mille plus grandes en France.

Our firm ranks among the top thousand in France.

14. Les contacts commerciaux semblent encourageants pour l'année à venir.

The prospects for business for the coming year seem very encouraging.

15. Nous ne commençons jamais un travail avant que le contrat soit signé.

We never begin a job before the contract has been signed.

16. Je pense que le poste me convient.

I think I am suited for the job.

17. La crèche de l'entreprise représente un avantage précieux pour ceux qui en ont besoin.

The company day care center is an invaluable fringe benefit for those who need it.

18. Les chiffres de ventes et des coûts étaient décomposés géographiquement par régions.

The sales figures and costs were broken down geographically by area.

19. Sarah a donné sa démission avec un très bref délai de préavis.

Sarah handed in her resignation on very short notice.

20. Ils vont se donner du mal pour tenir les délais.

They will struggle to meet the deadlines.

21. Vous dépendrez du chef du département marketing.

You'll report to the head of the marketing department.

22. La société de mon beau-frère a déposé le bilan en juillet et a été recréée en janvier avec un nom différent.

My brother-in-law's company went bankrupt in July and started up again in January with a different company name.

23. Il faut toujours exiger un devis écrit avant de commander un travail.

You must always insist on a written estimate before having a job done.

24. En dehors des heures de bureau, vous pouvez me laisser un message sur le répondeur.

After hours, you can leave me a message on the answering machine.

25. Il sera difficile de trouver un poste pour une personne de son envergure.

It will be difficult to find a job for someone of his caliber.

26. Je pense que mon profil répond à vos exigences.

I trust my career profile suits your requirements.

27. Nous devons régler rapidement ces factures en retard.

We must promptly settle these overdue bills.

28. La société Western Semicon a des filiales partout dans le monde.

Western Semicon has subsidiaries all over the world.

29. Un fonctionnaire devrait toujours se rappeler que c'est son devoir de servir le public.

Civil servants should always remember that it is their duty to serve the public.

30. Limiter les frais généraux à un minimum est une façon saine de diriger une société.

Limiting the overhead to an absolute minimum is a sound way to run a company.

31. Les logiciels pour groupes de travail permettent le travail collectif sur des documents communs partagés à travers le réseau.

Modular software for work groups allow for simultaneous team work on common documents shared through the network.

32. On peut souvent faire des économies en éliminant l'intermédiaire.

Eliminating the middleman can often be a money-saving step for economizing.

33. Le produit n'avait pas été suffisamment testé avant d'être lancé sur le marché.

The product had not been tested thoroughly enough before it was launched on the market.

34. La séance a été levée à 22 heures.

The meeting was adjourned at 10:00 p.m.

35. Le terrain et immeuble où s'installe une société s'appelle « les locaux. »

The land and building occupied by a company are called the premises.

36. Une société est toujours avantagée d'avoir une marge brute d'autofinancement positive qui lui permet d'acheter de l'équipement et d'accroître son inventaire.

A company always benefits from positive cash flow which enables it to buy new equipment and increase its inventory.

37. Y-a-t il un médecin dans la salle ?

Is there a doctor in the house?

38. Il a été nommé président du comité sur la sécurité.

He was appointed head of the safety committee.

39. Il y a des limites à ce que l'on peut mettre sur la note de frais tout de même.

There's a limit to what you can put on your expense account, after all.

40. Les composants fragiles sont emballés dans du papier à bulles.

Fragile parts are packed in bubble wrap.

41. Leur politique de prix est de baisser afin d'avoir un nouveau client.

Their pricing policy is to lower the price in order to get a new client.

42. Quels sont vos prix pour les meubles ? Dites votre chiffre.

What are you charging for the furniture? Name your price.

43. Il vaut mieux voter par procuration que de ne pas voter du tout.

It's better to vote by proxy than not to vote at all.

44. L'avocat de Mallory a procuration pour gérer ses affaires immobilières.

Mallory's lawyer has power of attorney to manage his real estate affairs.

45. Vous aurez de bonnes chances de promotion à l'ancienneté.

Your chances of promotion will depend to a large degree on length of service.

46. Je suppose que le salaire sera proportionné à la formation et à l'expérience.

I suppose the salary will be commensurate with my education and experience.

47. La qualité ne se décrète pas, elle se mesure et se certifie.

Quality cannot be declared but only measured and certified.

48. Nous vous demandons de nous accorder l'ouverture d'un compte avec réglements trimestriels.

We would like to ask you to grant us open account terms with quarterly settlements.

49. Un tableur est pratique pour reporter une somme sur la page suivante.

A spreadsheet is handy for carrying an amount forward.

50. Le siège de notre société se trouve à San Francisco.

Our company headquarters is located in San Francisco.

51. Un studio est indiqué « 2½ » dans les petites annonces aux USA.

In the US, a flat with one room is called '2½' in the classified advertisements.

52. En raison du coût si élevé des locaux commerciaux dans les grandes villes, les zones industrielles sont implantées de plus en plus loin en banlieue.

Because office space in big cities is so expensive, industrial parks tend to be located further and further in the suburbs.

accident du travail	industrial injury
accorder [1]	grant (to)
acompte [2]	account (on —)
actif circulant	floating assets
actif comptable	assets
action (valeur boursière)	share
actionnaire	shareholder
agent de change	stockbroker
agios (frais d'—)	bank charges
allocation	allowance
allocation de chômage	unemployment benefit
amortissement	depreciation
annuelle (rente —)	annuity
antériorité	precedence
arrhes [3]	deposit
assemblée générale [4] (actionnaires)	general shareholders meeting
assurance (compagnie d' —)	insurance (— company)
assurance-vie	life insurance
assurance au tiers [5]	third party insurance
assurance chômage	unemployment insurance
assurance des effets personnels	personal belongings insurance
assurance des personnes transportées	personal accident insurance (PAI)
assurance maladie	sickness insurance
assurance maritime	marine insurance
assurance tous risques	all-inclusive policy
assurance vieillesse	old age insurance
au comptant	cash
avantages accessoires	fringe benefits
avantages complémentaires	additional benefits
avantages en nature	payment in kind
avantage supplémentaire	fringe benefit
avenant (— au contrat)	additional clause
à débattre [6]	nearest offer (o.n.o=or —) (GB)
barré	strikethru (strike through)
barrer un chèque	cross a cheque (to)

bénéfice brut	gross profit
bénéfice net	net income
bénéfices non distribués	retained earnings
bénéfice par action	earnings per share
biens d'investissement	capital goods
bilan [7]	balance sheet
billet à ordre	promissory note
billet de banque	banknote, bill (US)
bourse (finance)	stock exchange
brevet [8]	patent
budget	budget
caisse de retraite	pension fund
cambriolage	burglary
capital restant	adjustable balance
capitaux propres	net worth
carte de crédit	credit card
caution	guarantee
charges d'exploitation	operating expenses
chèque de voyage	travellers cheque ; travelers check (US)
chiffre d'affaires [9]	turnover
commissaire aux comptes	statutory auditor
compensable à (chèque) [10]	cleared (to be — in)
comptabilité	book-keeping
compte-chèque	checking account
compte bloqué [11]	escrow account
compte d'épargne (taux fixe)	saving account
compte d'épargne (taux fluctuant)	money market account
compte de pertes et profits [12]	earnings report
comptes financiers	financial statement
constat	memorandum
convention	agreement
copie certifiée conforme	certified (true) copy
cotiser [13]	contribute (to) ; pay one's dues (to)
courtier (en bourse)	broker

coût de la vie	cost of living
couverture (assurance)	coverage (insurance)
créance	account receivable
crédit à la consommaion	loan
crédit bail	leasing
crédit immobilier	mortgage, real estate credit
croissance (taux de —)	growth rate
date d'échéance	due date
date d'expiration	expiration date, expiry date
déclaration sous serment	affidavit
dégâts [14]	damage
dépenses d'investissement	capital expenditure
déposer le bilan [15]	go bankrupt (to)
dépot (en banque)	deposit
dévaluation	devaluation
devises	foreign currency
domaine public (tomber dans le —) [16]	come off patent (to)
dommages (dégâts) [14]	damage (singul.)
dommages et intérêts	damages
dotation	allocation
dotation de l'exercice	allocation for the year
douane	customs
droits d'auteur	royalties
droit de garde	charge for safe custody
échéance (venir à —) [17]	due (to fall—)
écriture (comptable)	accounting entry
effets personnels	personal belongings
endettement	indebtedness
endossable	endorsable
endosser [18]	endorse (to)
entrepôt sous douane	bonded warehouse
évaluer [19]	assess (to)
exercice financier	financial year
expert comptable	certified public accountant (CPA)
faillite	bankruptcy

fausse déclaration	misrepresentation
feuille d'impôts	tax slip ; tax return (GB)
fiscalité [20]	taxation
foncier	property
fond commun de placement	mutual fund
force majeure (cas de)	act of God
frais	expenses ; charges
franchise (d'assurance)	deductible
franco	free of payment
gagner de l'argent	make money (to)
garantie [21]	warranty
gratification	bonus
grève (en—)	strike (on —)
guichet automatique de banque	automatic teller (GB) ; automatic telling machine (US)
habilitation	clearance
horaire variable	flexible working hours (FWH)
hors cote (bourse)	over-the-counter
hypothèque	mortgage
hypothèque de premier rang	first mortgage
immatriculation (véhicule)	registration
immobilier	real estate
impôt	tax
incapacité de travail	incapacitation
indemniser [22]	indemnify (to)
intérêts acquis	accrued interest
intérêts composés	compound interest
intérêts courus	accrued interest
investissement (achat)	investment
investissements (bilan)	fixed assets
lettre de change	bill of exchange
liquidités	cash
litige [23]	litigation
lotissement (d'un contrat)	parcelling out
mandat télégraphique [24]	electronic transfert
marché financier	capital market
marge bénéficiaire [25]	profit margin

menue monnaie	small change
moins-value	capital loss ; drop in value
monnaie (devises)	currency
nombre d'actions émises	number of shares out
non gagé (véhicule)	no lien holder (US)
numéraire	cash
obligation	bond
obligation à coupons	coupon bond
officieux [26]	off the record
offre publique d'achat	takeover bid
paiement en nature	payment in kind
panorama de l'exercice	financial highlights
participations	affiliates
passif	liabilities
patrimoine	estate
permis de travail	work permit
personnalité morale [27]	character
pertes	losses
plaque d'immatriculation (voiture)	licence plate
plein temps	full time
plus-value	appreciation ; increase in value
pompier	fireman
pouvoir d'achat	purchasing power
préavis [28]	notice
préjudice corporel	physical injury
prélèvement forfaitaire (impôt)	withholding tax
prêt	loan
prime d'assurance [29]	insurance premium
procédure (juridique)	procedure
procuration [30]	proxy
procuration [31]	power of attorney
produit intérieur brut	gross domestic product
produit national brut	gross national product
propriété intellectuelle	intellectual property
rachat de franchise	collision damage waiver

dommages [32]	(CDW)
rachat de franchise vol	theft waiver (TW)
rapport cours/bénéfice	price-earnings ratio (PER)
recouvrement (de paiements)	collection
relevé (de compte)	statement
rendement	yield
rentabilité	profitability
report [33]	forward
résilier	terminate (to)
responsabilité civile	third party liability
retrait [34]	withdrawal
rétroactif	backdated
rétroactif [35] (juridique)	retroactive
revendication	claim
revenu	income
revenu brut	gross income
risque (assuré)	hazard
risques divers	contingencies
savoir-faire	know-how
service	department
service des sinistres [36]	claims department
seuil de rentabilité	break-even point
SICAV	mutual fund
signature autorisée	authorized signature
sinistre	loss
situation financière [37]	financial status
solde précédent	prior balance
somme globale	lump sum
souscrire (assurance)	underwrite (to)
statuts	articles of association
supplément	additional payment
taux d'alcoolémie	alcohol level
taux de change	exchange rate
témoin [38]	witness
titre (de propriété)	deed (of property)
titre (valeur boursière)	bond ; security ; stock
tranche de revenu	income bracket

valeur	**value**
valeurs étrangères	**foreign securities**
valeurs immobilisées	**fixed assets**
valide jusqu'à [39]	**valid through**
ventiler (analyse) [40]	**breakdown (to)**
versement	**deposit**
versement périodique	**instalment**
vol (avion)	**flight**
vol (délit)	**theft**

1. Vous ne croyez pas vraiment que le directeur va accorder sa permission à ce projet ?

You don't really think the manager is going to grant his permission to this project, do you?

2. Je vous envoie un acompte de 1000 F pour la réservation de la chambre d'hôtel.

I am sending a thousand francs on account for the hotel reservation.

3. Il a laissé cent francs d'arrhes.

He left a hundred francs as a deposit.

4. L'assemblée générale annuelle aura lieu le 24 juin.

The annual general meeting will be held on June 24th.

5. L'assurance au tiers est obligatoire dans les pays de la CEE.

Third party insurance is mandatory in the EEC countries.

6. Il demande 10 000 £, prix à débattre.

He is asking £10,000 or nearest offer.

7. Un bilan est un état financier résumant l'actif, le passif et le patrimoine d'un individu ou d'une entreprise à une date donnée.

A balance sheet is a financial statement summarizing the assets, liabilities and net worth of an individual or a business at a given date.

8. Voila une idée géniale, il nous faut prendre un brevet.

This is a stroke of genius, we have to take out a patent.

9. Les ventes en Europe représentent les deux tiers de notre chiffre d'affaires.

Sales in Europe account for two-thirds of our turnover.

10. Les chèques de *La Brioche Dorée* sont compensables à Paris.

The checks from *La Brioche Dorée* are cleared in Paris.

11. L'argent que son grand-père lui a laissé a été mis sur un compte bloqué jusqu'à sa majorité.

The money his grandfather left him was put into an escrow account until he is 21 years old.

12. Quelquefois on ne reçoit pas le compte de pertes et profits avant la mi-février.

Sometimes we don't receive the earnings report before the middle of February.

13. Leur entreprise cotise à une caisse de retraite.

Their firm contributes to an old-age pension scheme.

14. Les dégâts sont considérables et le directeur d'usine va demander de gros dommages et intérêts.

There is considerable damage and the plant director is going to claim a lot of damages.

15. La société de mon beau-frère a déposé le bilan en juillet et a été recréée en janvier avec un nom différent.

My brother-in-law's company went bankrupt in July and started up again in January with a different company name.

16. Le prix des produits pharmaceutiques peuvent baisser sensiblement quand ceux-ci tombent dans le domaine public.

The price of pharmaceuticals can drop significantly when they come off patent.

17. Le prochain versement va arriver à échéance en juillet.

The next payment will be due in July.

18. Veuillez endosser ce chèque en mentionnant : « payez à l'ordre de Mary Herman ».

Please endorse this check by writing on the reverse side 'pay to the order of Mary Herman'.

19. Les blessures doivent être évaluées par notre médecin-expert.

Injuries must be assessed by our medical expert.

20. Le Gouverneur King voudrait changer le système de fiscalité afin d'encourager des entreprises à s'installer dans le Maine.

Governor King wants to change the taxation system so that more businesses will be attracted to the State of Maine.

21. Le bénéfice de la garantie est perdu si les contrôles internes du moniteur sont déréglés.

Tampering with the internal controls of the monitor void the warranty.

22. Les dommages et les blessures causés au tiers sont indemnisés séparément.

Damage or injuries to third parties are indemnified separately.

23. Les Américains règlent leurs litiges en justice beaucoup plus souvent que les Européens.

Americans resort to litigation, that is taking a case to court, more frequently than Europeans.

24. Vicki a promis d'envoyer l'acompte par mandat télégraphique dès lundi matin.

Vicki said she would send the deposit by electronic transfer first thing Monday morning.

25. Notre marge bénéficiaire a augmenté de 30 % l'année dernière.

Our profit margin has risen by 30% over the past year.

26. Le directeur expliqua aux journalistes que ses remarques étaient tout à fait officieuses.

The manager told the reporters his remarks were strictly off the record.

27. Tout le monde reconnaît qu'il est un homme d'une personnalité morale considérable.

Everyone recognizes him to be a man of great character.

28. Vous aurez un préavis d'un mois.

You will be granted one month's notice.

29. La prime d'assurance a augmenté d'un point.

The insurance premium has been raised by one point.

30. Il vaut mieux voter par procuration que de ne pas voter du tout.

Voting by proxy is better than not voting at all.

31. L'avocat de Mallory a procuration pour gérer ses affaires immobilières.

Mallory's lawyer has power of attorney to manage his real estate affairs.

32. Le rachat de franchise dommage paraît moins cher après un accident.

The collision damage waiver seems cheaper after an accident.

33. Un tableur est pratique pour reporter une somme sur la page suivante.

A spreadsheet is handy for carrying an amount forward.

34. Il m'arrive parfois d'oublier de noter mes retraits bancaires.

Sometimes I forget to note my bank withdrawals.

35. La loi est mise en application avec effet rétroactif à compter du 1er octobre.

The law is in force, retroactive to October 1st.

36. Le cambriolage doit être déclaré dans les trois jours au service des sinistres.

The burglary must be filed within three days to the claims department.

37. Leur situation financière est plutôt bonne.

Their financial situation is rather good.

38. L'expert a interrogé tous les témoins visuels.

The assessor questioned all eye-witnesses.

39. Cette offre est valable jusqu'au 31 mai inclus.

This offer is valid through May 31st.

40. Les chiffres de ventes et des coûts étaient ventilés geographiquement par régions.

The sales figures and costs were broken down geographically by area.

accent	accent
accolade	brace
accolade droite	closing brace
accolade gauche	opening brace
accusé de réception [1]	acknowledg(e)ment
accuser réception	acknowledge receipt (to)
activer	activate (to)
activer les menus claviers	activate keyboard menus (to)
adresse	address
adresse électronique [2]	e-mail address
affichage	display
afficher la règle	show ruler (to)
afficher le presse-papiers	show clipboard (to)
aide	help
alignement	alignement
aligné à droite	paragraph aligned to the right
aligné à gauche	paragraph aligned to the left
alinéa (faire un —)	indent (to)
aller en bas de la fenêtre	move to bottom of window (to)
aller en haut de la fenêtre	move to top of window (to)
annonce en avant-première	preliminary announcement
annotation	annotation
annuaire [3]	directory
annuaire par professions	yellow pages
annuler (mettre à zéro)	clear (to) ; to zero
antériorité	precedence
aperçu avant impression	print preview (to)
appel	call
appel de l'extérieur	incoming call
appel de note	footnote reference
appel local [4]	local call
appel vers l'extérieur [5]	outgoing call
application-réseau	networking application
arrière-plan	background
artisan	craftsman
ascenseur [6] (d'interface graphique)	scroll bar

assemblée générale [7] (actionnaires)	general shareholders meeting
astérisque	asterisk
atteindre page…	go to page… (to)
attribut	attribute
auteur (logiciel)	authoring package
auteur	author
autoroutes de l'information	information highways
avant-plan	foreground
avant-projet	draft
aviser	notify (to)
avis d'appel (téléphoner avec)	person to person (to call)
barre de défilement (d'interface graphique)	scroll bar
barre de titre	title bar
barré	strikethru (strike through)
base de données	database
base de données relationnelle	relational database (package)
basé sur l'écriture	pen-based
battage (faire du) [9]	boost (to give a —)
bibliothèque (salle)	library
bienvenue	welcome
boîte de dialogue	dialog box
bordure	border
bordure sombre	dark border
brevet [10]	patent
brouillon	draft
bulletin-réponse	entry form
bulletin d'inscription	application form
bulletin météorologique	weather report
bulletin trimestriel	end-of-term report
bureau (d'interface graphique)	desktop
cadre (contour)	frame
calcul(s)	computation(s)
calculer	calculate (to)
calcul en virgule flottante	floating point computation
capacité de visualisation	display field

capture d'écran	screen grabbing
capture d'image (logiciel)	image grabber
caractère accentué	accented character
caractère de remplissage	padding character
caractère gras	bold character
carnet de rendez-vous	diary ; organizer
carte d'enregistrement	registration card
case de fermeture (interface graphique)	close box
catégorique [11]	definite
célébration	celebration
cellule précédente (aller à la)	previous cell (to move to —)
central (standard) [12]	switchboard
central (téléphonique)	exchange
centre de messages	message center
centré	centered
césure	hyphenation
chaîne (de caractères)	string (character)
chaîne de caractères héxa-décimaux	hex-string
chaîne de caractères ASCII [13]	ASCII-string
champ	field
changer le jeu de caractères	change the fonts (to)
chapitre (de livre)	chapter
chevalet (conférence) [14]	flipchart ; paper board
chiffre [15]	digit
classeur (chemise)	binder ; folder
classeur (meuble)	filing cabinet
code de bonne conduite [16]	etiquette
coller avec lien	paste link (to)
coller un caractère spécial	paste a special character (to)
commande (artistique)	commission
communication (logiciel de)	connection software
communication	communication
compagnie d'envergure mondiale	world-wide company
composer un numéro	dial a number (to)

comptage des mots	word count
conférence à trois (téléphone)	three-party conferencing
conférence spécialisée	dedicated conference
consulter [17] (une liste)	look up (to)
contour (encadrement graphique)	contour
copier	copy (to)
copier en graphique	copy as picture (to)
copier les formats	copy formats (to)
copier le texte	copy text (to)
corps (de la lettre)	body (of the letter)
correcteur orthographique	spell-checker
correspondance (avion)	connecting flight
côte à côte (mise en page)	side by side
couleur	colour
couper	cut (to)
courrier électronique	electronic mail (e-mail)
critique (compte rendu) [18]	review ; write-up
crochets	square brackets
croquis	sketch
curseur	cursor
dactylographie	typing
date [19]	date
début de la ligne	start of line
début du document	start of document
décaler à droite d'une zone texte	move right one text area (to)
décaler à gauche d'une zone texte	move left one text area (to)
déchiffrer [20]	make out (to)
déclaration	statement
défiler d'un écran vers le bas	scroll screen down
défiler d'un écran vers le haut	scroll screen up
défiler d'une ligne vers le bas	scroll line down
défiler d'une ligne vers le haut	scroll line up
définir les styles…	set style (to)
définir un en-tête…	header

définir un pied de page…	footer
demandeur (au téléphone)	caller
dentelé	jagged
déontologie	code of conduct ; professional ethics
déplacer le texte	move text (to)
dernière zone texte	last text area (to)
descendre d'une zone texte	move down one text area (to)
dessin par point	bitmap graphic ; (bitmapped) painting
dessin vectorisé	(vectorized) drawing
destinataire	addressee
dictionnaire	dictionary
diviser la fenêtre	split window (to)
division (document) [21]	section (document)
documentation	literature
double interligne	double-line spacing
double souligné	double underline
droits d'auteur	royalties
écran de démarrage [22]	start screen
écriture (manuscrite)	handwriting
écrivain	author ; writer
éditeur	publisher
édition	edition
édition remaniée	revised edition
effacer le caractère suivant	delete forward
emballage	packaging
en-tête	letterhead
encadrement des cellules	cell border
encadrement des paragraphes	paragraph border
enjoliver	adorn (to) ; enhance (to)
enregistrer	record (to)
entrée de table des matières	table of content entry
envoyer un message	send mail (to)
espace	space
espace-arrière	back space
espace-avant	forward space

espacement des lignes	line spacing
espace insécable	nonbreaking space
exploitant de téléphone mobile	mobile telephone operator
exposant 3 pt	superscript 3 pt
exposé (en vitrine)	on display
exposition	display ; exhibition ; exhibit
exposition (salle d'—)	showroom
faire-part [23]	formal announcement
faire de la publicité	advertise (to)
faux-numéro	wrong number
faveur [24]	favo(u)r
fenêtre (graphique)	window
fenêtre ouvrante (graphique)	pop-up window
fenêtre suivante	move to next window (to)
feuille blanche [25]	blank sheet
feuille volante	loose sheet
ficher [26]	put on file (to)
fiche (carton)	card
fiche (formulaire)	form
fiche technique	specification sheet
fichier ASCII	ASCII file
fichier texte	text file
fin de la ligne	end of line
fin du document	end of document
flèche lumineuse	arrow pointer
foire	exhibition ; exhibit
format	format
format personnalisé	custom format
formulation [27]	wording
forum pour utilisateur	user trade show
fusion (courrier)	mail merge ; print merge
glossaire	glossary
grapheur	charting software
gras	bold
haut de gamme [28]	top-of-the-line ; first-class ; first rate
holographie	holography

icône	icon
image incluse	included image
image incluse (TV) [29]	picture in picture (PIP)
imprimable (non —)	printing (non- —)
index	index
indicateur (marqueur)	marker
indicatif de zone	area code
indicatif du pays [30]	country code
indication d'appel (téléphone)	call waiting signal
indice 2 pt	subscript 2 pt
infocentre	data center
inforoute	info-highway
insérer	insert (to)
insérer à partir du glossaire	insert glossary entry (to)
insérer une clé d'index	insert an index entry
insérer une formule	insert a formula (to)
insérer un graphique	new picture
insérer une ligne au-dessus	insert one line above row
insérer un nouveau paragraphe	new paragraph
insérer une nouvelle division	section break
insérer un saut de ligne	line break
insérer un saut de page	page break
insérer un tableau	insert a table (to)
insérer une tabulation	insert tab (to)
insérer un tiret conditionnel	insert optional hyphen (to)
insérer un tiret insécable	insert nonbreaking hyphen (to)
interrogation à distance	remote retrieving
interurbain	long-distance
invitation	invitation
invité	guest
italique	italic
jeter les grandes lignes de	draft (to)
jeu de caractères Symbol	Symbol font
justification (typographie)	justification
justifier à droite	right justify (to)
justifier à gauche	left justify (to)
justifié	justified

journal (intime)	diary
langage clair	plain language
lettre de réclamation	letter of complaint
lettre standard	form letter
ligne	line
ligne à péage (télécom)	toll line
lignes groupées	group poll
ligne occupée (téléphone)	busy line (US) ; engaged line (GB)
ligne pointillée [31]	dotted line
ligne précédente	previous line
lire à haute voix	read out loud (to)
liste de distribution (courrier)	mail-out list
liste de distribution	distribution list
liste des personnalités	special attention list (SPALT)
logiciel de dessin	drawing software
majuscules	upper case
manuel (livre)	handbook
manuel (mode d'utilisation)	manual
manuel d'initiation	beginners handbook
marque de paragraphe	paragraph mark
masquer la règle	hide ruler (to)
message arrivant	incoming mail
message émis (répondeur)	outgoing message
message entrant	incoming message
messagerie électronique [32]	electronic mail (e-mail)
messagerie vocale	voice mail
mettre à jour sur lien	update link (to)
mettre en forme	enhance (to)
mettre en forme (texte)	format (to)
milieux politiques [33]	political milieu
milieu social	social class
minuscule (caractère)	lower case letter
minuscules	lowercase
mise en page	page layout
modeleur 3D	3D modeling program
mode d'accès	access mode

mode page	**page mode**
mode plan	**outline (view) ; outline mode**
modèle (typo)	**template**
modifier	**change (to)**
monographie	**monograph**
monter d'une zone texte	**move up one text area (to)**
mot clé	**keyword**
motif	**pattern**
mot précédent	**previous word**
mot souligné	**word underline**
mot suivant	**next word**
ne pas quitter [34] (téléphone)	**hold on (to)**
négociation	**negotiation**
nombre de lignes	**line count**
nombre de mots	**word count**
nombre de pages	**page count**
non lu	**unread**
note	**report**
note d'examen	**examination mark**
note de bas de page	**footnote**
notes de cours	**lecture notes**
note de service	**memorandum (memo)**
note marginale	**side note**
notice technique	**specification**
notoriété publique (de —)	**well established**
nouveau message	**new mail**
nouveau paragraphe avec le même style	**new paragraph with same style**
nouvelle fenêtre	**new window**
numériseur optique	**optical scanner**
occupé (téléphone)	**busy (US) ; engaged (GB)**
ombré	**shadowed**
options d'impression	**printing options**
outil de dessin	**drawing tool**
ouvrir la fenêtre des notes	**(open) footnote**
ouvrir la messagerie	**open mail (to)**
ouvrir tous types	**open any file (to)**

pages face à face	facing pages
page précédente	previous page
page suivante	next page
papier (taille)	page size
papier à bord déchiqueté	deckle-edged paper
papier à en-tête	headed note-paper
papier de machine à écrire	writing-paper
paragraphe [8]	paragraph
paragraphe emboîté	nested paragraph
paragraphe précédent	previous paragraph
paragraphe standard	normal paragraph
paragraphe suivant	next paragraph
parenthèse(s)	parenthesis (-theses) ; brackets
parenthèse droite	closing parenthesis
parenthèse gauche	opening parenthesis
participants (congrès)	delegates ; participants
passe-partout (caractère)	joker
passerelle (de communication)	gateway
pas d'encadrement de para- graphes	no paragraph border NESTED
paysage (orientation)	landscape
PCV (appeler en—)	collect (to call —) (US) ; return charge (to call —) (GB)
personnalité de marque	very important person (VIP)
perspective	outlook
petites capitales	small caps
photogravure	photoengraving
phrase précédente	previous sentence
phrase suivante	next sentence
pica [35]	pica
pied de page	footer
plus d'équivalent clavier	unassign keystroke (to)
point (ponctuation)	full stop ; period (US)
point (typographie)	point
point-virgule	semi-colon
points de suspension	dots
police (jeu de caractères)	font

porte-parole	spokesperson
porte-parole (femme)	spokeswoman
porte-parole (homme)	spokesman
pré-annonce	advance information
préface	preface ; foreword
préfixe des commandes plan	outline cmd prefix
première édition	first édition
première zone texte	first text area
prendre la parole [36]	take the floor (to)
présentation des données	data set-up
présider (une réunion)	chair (to) (a meeting)
prix [37] (récompense)	award
propriété intellectuelle	intellectual property
prospectus	handout ; leaflet
puissance de calcul	processing power
raison sociale	company name
rechercher les formats	find formats (to)
rédiger	draw up (to)
règle (de dessin)	ruler
relief	outline (format)
repaginer maintenant	repaginate now (to)
répondeur téléphonique	answer phone ; answering machine (US)
représenter [38]	substitute (to) ; represent (to)
retouche photographique	photographic retouching
retour-arrière	backspace
retour à la ligne	new line (NL)
retrait de première ligne	first line indent
retrait négatif	hanging indent
rétroprojecteur	overhead projector (ohp)
salon (international)	exhibition (international —)
salutation (formule de —)	greeting
saut de page	feed form (FF) ; page break
savoir-faire	know-how
se connecter (par réseau)	log-in (to)
sélectionner tout le document	select all (to)
séparateur	delimiter

serveur de fichiers	file serveur
services gratuits (téléphone)	toll free services
signal d'appel (téléphone)	call waiting
sommet (d'une courbe)	apex
souligné	underline
souligné pointillés	dotted underline
stand	booth
style [8]	style
style de caractère [39]	character format
style de trait	line style
style standard	revert to style
supprimer devant	delete forward (to)
supprimer emboîtement	unnest paragraph (to)
supprimer le mot précédent	delete previous word (to)
supprimer le mot suivant	delete next word (to)
système de numérisation	scanning system
tableau	chart ; table
tableur	spreadsheet
table des matières (TDM)	table of contents (TOC)
taille de caractère	point size
taille de caractère inférieure	smaller font size
taille de caractère supérieure	larger font size
talent	skill
taquet de tabulation	tabulation stop
taxiphone	pay phone (US)
téléphone cellulaire (réseau de)	cellular telephone network
télévision par câble	cable television
temps d'antenne	airtime
texte caché	hidden text
texte standard	plain text
tirer (nombreux exemplaires)	run off (to)
tiré à part	reprint
tome (livre)	volume
tout en majuscules	all caps
traitement d'images	image processing
traitement de texte	word processor, -ssing
trait dédoublé	double line

transfert d'appel (téléphone)	call forwarding
transparent projetable	overhead transparency
tri croissant	ascending order sorting ; forward sorting
tri décroissant	backward sorting ; descending order sorting
type standard	standard type
vérifier l'orthographe	spelling (to check —)
verrouillage numérique [40]	numeric lock
vidéo-conférence	video conferencing
visiophone	videophone
visiteur	visitor
visualiser	display (to)
volet	panel
vue	view
vue 3D	3D-view
vue 3D fil-de-fer	wireframe 3D view
zone d'affichage	active video area
zone de texte précédente	previous text area
zone de texte suivante	next text area
zone de traçage	chart zone
zoom sur la fenêtre	window zoom

LE VOCABULAIRE D'INTERNET

La bureautique devient toujours plus indissociable de la communication. La valeur ajoutée des réseaux est évidente dans les entreprises modernes, mais même le particulier peut aujourd'hui se connecter économiquement, via un simple téléphone à un monde extérieur toujours plus vaste.

Issu d'une expérience militaire secrète de la DARPA (Defense Advanced Research Projects Agency) dans les années 60 aux USA, INTERNET est devenu grâce aux efforts d'une multitude d'universités et de scientifiques, la plus internationale matérialisation des ressources potentielles que peut apporter une mise en commun d'informations généralisée au niveau mondial.

Baptisé « Réseau des réseaux », INTERNET est avant tout un « protocole » (IP=Internet Protocol) universel pour transmettre des messages à travers des liaisons et des ordinateurs de toute sorte dont il n'est pas nécessaire de savoir comment ils sont faits ni même où ils sont ! Aujourd'hui, plusieurs centaines de réseaux et plusieurs dizaines de millions de gros ou de micro-ordinateurs reliés dans le monde constituent le « Cyberspace » un immense réservoir de connaissances et d'outils automatiques pour les retrouver…

Une abondante littérature spécialisée décrit en détail les techniques et fonctions relatives à Internet et dont les spécificités sortent du cadre de cet ouvrage.

Il a paru cependant commode d'en rappeler ici les termes les plus courants accompagnés, lorsqu'elles existent, des traductions en français les plus fréquemment rencontrées et donc consacrées par l'usage.

Archie : système de plusieurs milliers de serveurs « FTP » permettant une recherche par mots-clef dans les noms de fichier.
ARPANET : le tout premier réseau d'ordinateurs, issu d'un projet militaire américain en 1969.
BBS : « Bulletin Board Service », serveurs locaux accessibles par téléphone et modem ; le français proposé est « babillard ».
Bookmark : désigne des adresses-liens (URL) enregistrées

plus ou moins automatiquement dans l'ordinateur local pour y revenir facilement ; traduit par « signet ».

Browser : il s'agit de logiciels « butineurs », littéralement, qui permettent de voler d'un serveur « WEB » à un autre d'un simple clic de souris sur l'icône ou le texte associés au lien « URL ».

Dial-up : nom du mode de connexion par le téléphone (PPP ou SLIP) à un serveur lui-même relié à Internet.

Domain : nom de sous-réseau, dit « Domaine » en français : l'adresse contient tous les domaines et sous-domaines séparés par des points, le plus à droite étant le plus général.

DNS : « Domain Name Server », désigne un ordinateur d'un sous-réseau conservant et distribuant tous les noms-adresses des réseaux proches ; en français, on l'appelle « serveur de noms ».

E-mail : « Electronic mail », pour envoyer et recevoir des messages de ou vers un autre utilisateur

FAQ : « Frequently Asked Questions », constitue une synthèse des réponses aux questions les plus souvent posées sur un sujet donné ; on a proposé le français « Foire Aux Questions ».

Firewall : connexion de sécurité, à travers un ordinateur dédié dit « coupe-feu » ou « garde-barrière », spécialement programmé pour empêcher les piratages.

FTP : « File Transfer Potocol », désigne tout à la fois un protocole de transfert de données, les serveurs dits « serveurs FTP » qui y répondent et le logiciel qui l'exécute.

Gopher : système de serveurs de textes classés par thème, permettant la recherche par mots clés.

HTML/HTTP : « HyperText Markup Language » et « Hyper-Text Transfer Protocol » sont des normes d'accès graphiques aux pages hypertextes du WWW.

Login : quasiment devenu un nom commun français, le « login » est l'ensemble du nom et du mot de passe nécessaires à la connexion, et par extension, l'opération de connexion elle-même.

Newsgroup : échange organisé de questions, réponses ou commentaires groupés par thèmes via les machines du réseau

« Usenet » (inclus dans Internet) ; les Français parlent de « conférence ».

Netsurfer : désigne l'opérateur qui navigue sans frein d'un serveur à l'autre à travers le monde, en se laissant guider par l'information et les liens HTML associés ; on parle de cybernautes ou internautes.

PPP : « Point-to-Point Protocol », mode de connexion via modem et réseau téléphonique commuté, d'un micro-ordinateur à un fournisseur d'accès Internet, dit simplement « PPP », même en France.

Search engine : traduit initialement par « moteur de recherche », et de plus en plus par « glaneur d'information », ce composé de : *serveur-logiciels-base de données* est un passage obligé précieux – désormais envahi par les publicitaires ! – pour localiser, classer et même chiffrer la pertinence des sources d'information relative à une question donnée.

SLIP : « Serial Line Internet Protocol », mode de connexion via modem et réseau téléphonique commuté.

Smiley : petit pictogramme à base de ponctuation détournée et symbolisant l'expression d'un visage à 90°, traduit par « émoticon » : exemples : :-)   :- (;-)

URL : « Uniform Ressource Locator », norme de commande-lien pour définir une adresse HTML.

Usenet : nom du réseau des machines véhiculant les messages des « conférences thématiques » (Newsgroups)

WWW : « World Wide Web », est un système de serveurs par pages HTML, bénéficiant de l'accès multimédia le plus moderne en hypertexte ; dit WWW, W^3, ou WEB, même en français.

WAIS : « Wide Area Information Server », outil de recherche textuelle par mots clés sur des fichiers déjà sélectionnés.

1. La messagerie électronique de l'entreprise envoie automatiquement un accusé de réception à la lecture du message par le destinataire.

   The corporate electronic mail automatically sends an acknowledgement when the addressee reads the message.

2. L'adresse électronique sur Internet vous permet d'échanger instantanément des messages avec le monde entier.

   The e-mail address on the Internet allows you to exchange messages with the entire world instantly.

3. Notre système de messagerie gère aussi l'annuaire téléphonique.

   Our e-mail also handles the telephone directory.

4. A l'hotel Ramada de Portland, les appels téléphoniques locaux sont gratuits.

   At the Ramada hotel in Portland local calls are free.

5. Il faut faire le 9 pour les appels vers l'extèrieur.

   You have to dial 9 for outgoing calls.

6. Une fenêtre d'interface graphique comporte sur le coté droit un ensemble de bouton-flêches appelé « ascenseur » pour faire défiler l'affichage dans le sens vertical.

   On the right side a graphical interface window shows a set of arrow-buttons called 'scroll bar' to scan the display vertically.

7. L'assemblée générale annuelle aura lieu le 24 juin.

   The annual general meeting will be held on June 24th.

8. Dans un traitement de texte moderne, la mise en forme des caractères et l'espacement des lignes font partie des attributs de paragraphes qui peuvent être rattachés à un style.

   In modern word-processors, character enhancement and line spacing are paragraph-attributes which can be linked to a style.

9. Si on ne fait pas du battage pour notre ligne de produits, la concurrence va nous battre.

If we don't give our product line a boost, we're going to lose it to the competition.

10. Voila une idée géniale, il nous faut prendre un brevet.

This is a stroke of genius, we have to take out a patent.

11. Nous pensons que leur refus constitue un « non » catégorique.

We think their refusal is really a definite 'no'.

12. Le standard ferme à 18 heures.

The switchboard closes at six o'clock.

13. Les chaînes de caractères ASCII sont les seules qui peuvent être transmises sûrement par les réseaux d'ordinateurs.

ASCII-strings are the only ones that computer network can securely transmit.

14. Il faudra un chevalet avec bloc de papier « grand format » pour la réunion.

We'll need a large-sized flipchart for the meeting.

15. Son salaire annuel a atteint un nombre à sept chiffres (en francs) !

His annual salary has reached a six-digit figure (in dollars).

16. On appelle « NetEtiquette » le code de bonne conduite en usage sur Internet.

The etiquette used on the Internet is called 'Netiquette'.

17. Je vais consulter mes fiches pour trouver les références.

I'll look up the references on my index cards.

18. La pièce a eu une bonne critique dans le journal d'aujourd'hui.

The play got a good review in today's paper.

19. Aux Etats-Unis, la date en chiffres commence par le numéro du mois, comme 12/24/99 pour Noël 1999.

In the United States, a numerical date begins with the month, such as 12/24/99 for Christmas 1999.

20. J'ai beaucoup de mal à déchifrer l'écriture de mon chef.

I have a terrible time making out my boss's handwriting.

21. Un traitement de texte digne de ce nom permet de créer plusieurs divisions dans un même document et de définir des options de mise en page comme les marges, les en-têtes ou les pieds de page, différentes dans chacune d'elles.

An adequate text processor can handle several sections in the same document allowing the user to change the page layout options such as margins, headers or footers, from one to the next.

22. L'écran de démarrage est une jolie gravure qui s'affiche sur l'écran à la mise sous tension du micro-ordinateur.

The start screen is a nice picture displayed on the micro-computer screen at power on.

23. Avez-vous reçu le faire-part d'ouverture du cabinet Heller ?

Did you receive the announcement of the opening of Heller's law-firm ?

24. Pourriez-vous me rendre un service ?

Could you do me a favo(u)r ?

25. Veuillez écrire cette lettre sur une page blanche sans en-tête.

Please write this letter on a blank sheet with no letter-head.

26. Tous les meneurs sont fichés à la police.

The police have files on all the subversives.

27. Votre demande est mal formulée.

The wording on your application is inadequate.

28. Notre société ne produit que des articles de haut de gamme.

Our company only makes top-of-the-line products.

29. Les téléviseurs de haut de gamme ont une fonction « image incluse » (PIP)

Top-of-the-line TV-sets have a 'picture-in-picture' (PIP) function which allows

qui permet de regarder deux chaînes simultanément.

watching two channels simultaneously.

30. Pour téléphoner en Angleterre, taper l'indicatif du pays 44.

To make a phone-call to the United Kingdom, the country code to dial is 44.

31. « Veuillez signer sur les pointillés » est une phrase souvent utilisée sur les formulaires.

'Please sign on the dotted line' is a phrase you will see on many official forms.

32. Une messagerie électronique se compose d'un système de stockage, d'un réseau de communication et de terminaux d'utilisateurs.

An electronic mail is composed of a storage system, a communication network and user terminals.

33. Les invités faisaient partie de tous les milieux politiques.

The guests were drawn from every political milieu.

34. Ne quittez pas, je vous prie ; je vous passe le service concerné.

Hold the line, please. I'll put you through to the right department.

35. En typographie, un pica représente une mesure de 1/72 de pouce.

One pica is a typographic measure of 1/72 inch.

36. Je suis toujours angoissé quand il faut prendre la parole en anglais.

It always makes me nervous when I have to take the floor and speak in English.

37. Elle a eu le prix d'interprétation pour le meilleur second rôle féminin.

She was awarded the prize for the best female supporting role.

38. M. Heller aimerait que Mme Christie le représente à la réunion de mardi.

Mr Heller would appreciate Ms Christie's substituting for him at Tuesday's meeting.

39. Vous pouvez utiliser plu-

You can apply multiple char-

sieurs styles de caractères, comme à la fois gras et italique, dans un même texte.

acter formats, such as both bold and italic, to the same text.

40. La touche « verrouillage numérique » interdit les fonctions « curseur » du clavier numérique qui ne sert alors qu'à saisir des nombres.

The numeric lock key inhibits the cursor controls of the numeric pad which is then available only for keying in numbers.

accident du travail	industrial injury
adjoint	assistant ; deputy
administrateur	administrator
admission (test d'—)	acceptance test
âge minimum (conducteur) [1]	rental minimum age
alcootest	breathalyser test
allocation de chômage	unemployment benefit
ambulance	ambulance
analyse de sang	blood test
ancienneté [2]	length of service ; seniority
barème des salaires	salary scale
brancard	stretcher
bulletin de salaire [3]	pay slip ; pay stub (US)
cadre (personnel)	executive
cadre moyen	middle management
cadre supérieur	senior executive
candidat	applicant ; candidate
ceinture de sécurité	safety belt
célibataire	single
chef de produit	product manager
chômage	unemployment
civière	stretcher
collègue	colleague
compression de personnel	layoff ; rundown of staff
compression de salaire	salary squeeze
convenir à [4]	suit (to)
couverture	blanket
création [5]	creation
curriculum vitae	personal data ; resume
dactylo	typist
date et lieu de naissance [6]	date and place of birth
délai (préavis)	notice (short —)
dépendre de [8]	report to (to)
devoir (s)	duty (duties)
doué d'initiative [9]	self-starter
effectif	staff
emploi	post

employeur	**employer**
employé	**employee**
engager	**hire (to) ; to appoint**
entretien d'embauche	**job interview**
envergure [10]	**caliber**
essai	**trial**
exécuter les ordres	**carry out orders (to)**
expérience (formation) [11]	**background**
expérience professionnelle	**professional record**
expérimenté	**qualified**
expérimenté en	**experienced in**
expert comptable	**certified public accountant (CPA)**
extrait d'acte de naissance	**birth certificate**
facteur humain	**human factor**
faire acte de candidature [12]	**apply (to)**
faire des heures supplémentaires	**work overtime (to)**
feuille de paie	**pay slip ; pay stub (US)**
fixe (salaire)	**fixed salary**
fonctionnaire [13]	**civil servant**
fondé de pouvoir	**proxy**
formation continue	**continuing/further education**
formation professionnelle	**vocational training**
formation « sur le tas"	**on-the-job training**
garçon de bureau	**office aid**
gardien	**watchman**
grève (en—)	**strike (on —)**
groupe de travail [14]	**work group**
habilitation	**clearance**
horaire souple	**flextime (GB)**
horaire variable	**flexible working hours (FWH)**
horloge pointeuse	**time-machine**
hors des heures de bureau [15]	**after hours**
incapacité de travail	**incapacitation**
indemnité de licenciement	**severance pay**
intéressement (aux bénéfices)	**profit sharing**
intermédiaire [16]	**middleman**

issue de secours	emergency exit
licencier (pour raisons écono-miques)	lay off (to)
louer	hire (to)
marié (e)	married
masse salariale	wage bill
médecin [17]	doctor (MD)
médecin du travail	company doctor
mettre au courant	brief (to)
mi-temps (à —)	half-time
nommer [18]	appoint (to)
nom de famille	last name (US) ; surname
nom de jeune fille [19]	maiden-name
note (d'hotel)	bill
note de frais [20]	expense account
paie	salary ; wage
patron (familier)	boss
permis de séjour	residence permit
permis de travail	work permit
personnel	staff ; personnel
personnel intérimaire	temporary staff
plein temps	full time
police-secours [21]	emergency services
population active	work force
poste (administration de la —)	post office
poste (hierarchique)	position
poste (téléphonique)	extension
poste actuel (emploi)	present position
poste disponible	vacancy
préavis [22]	notice
prénom	Christian name ; first name (US)
Président du Conseil d'Administration	Chairman of the Board
président (de société)	chairman ; president (US)
président (réunion)	chairperson
prime [23]	bonus

prime de licenciement	severance pay
promotion [2]	promotion
proportionné à [24]	commensurate with
recrutement	recruitment
recyclage (personnes)	retraining
réduction de personnel	downsizing ; reduction of staff
relevé de déplacement	travel expense account
remboursement de frais	reimbursement of expenses ; repayment of expenses
représentant de commerce	representative (rep) ; salesman
résilier	terminate (to)
responsable	person in charge
responsable de	responsible for
ressources humaines [25]	human resources
revendication	claim
salaire	salary
salaire de départ	starting salary
salaire fixe	fixed salary
salarié	employee ; wage-earner
secrétaire	personal assistant ; secretary
secrétaire de direction	executive secretary (US)
secrétariat	clerical staff ; secretariat
sens des affaires	business acumen
situation de famille	marital status
stage	internship ; traineeship ; training period
stagiaire [26]	trainee ; intern
système de retraite	pension scheme ; retirement plan (US)
technicien qualifié	qualified service technician
temps partiel (à)	part-time
titres et compétences	qualifications
travail en équipe	teamwork
véhicule de fonction [27]	company car
vendeur	salesman
veuf (—ve)	widowed

1. Pour louer une voiture aux Etats-Unis, l'âge minimum est de 21 ans.

   In the United-States, the car rental minimum age is 21.

2. Vous aurez de bonnes chances de promotion à l'ancienneté

   Your chances of promotion will depend to a large degree on length of service.

3. Il est souvent nécessaire de présenter un bulletin de salaire quand on loue un appartement.

   You often need to submit a pay slip when renting an apartment.

4. Je pense que le poste me convient.

   I think I am suited for the job.

5. Il y a deux créations de postes.

   Two new positions have been created.

6. La date et lieu de naissance sont demandés sur presque tous les formulaires officiels.

   Nearly all official forms require your date and place of birth.

7. Sarah a donné sa démission avec un très bref délai de préavis.

   Sarah handed in her resignation on very short notice.

8. Vous dépendrez du chef du département marketing.

   You'll report to the head of the marketing department.

9. Les candidats devront être doués d'initiative et capables de s'organiser et d'agir avec un minimum de supervision.

   Candidates should be self-starters with the ability to plan and operate with a minimum of supervision.

10. Il sera difficile de trouver un poste pour une personne de son envergure.

    It will be difficult to find a job for someone of his caliber.

11. Ce candidat a une formation et une expérience très intéressantes.

    This candidate has a very interesting background.

12. Olivier a fait acte de candidature pour un poste dans la distribution.

Olivier applied for a sales job.

13. Un fonctionnaire devrait toujours se rappeler que c'est son devoir de servir le public.

Civil servants should always remember that it is their duty to serve the public.

14. Les logiciels de groupe de travail permettent le travail collectif sur des documents communs partagés à travers le réseau.

Modular software for workgroup allow simultaneous team working on common documents shared through the network.

15. En dehors des heures de bureau, vous pouvez me laisser un message sur le répondeur.

After hours, you can leave me a message on the answering machine.

16. On peut souvent faire des économies en éliminant l'intermédiaire.

Eliminating the middleman can often be a money-saving step for economizing.

17. Y-a-t il un médecin dans la salle ?

Is there a doctor in the house?

18. Il a été nommé président du comité sur la sécurité.

He was appointed head of the safety committee.

19. De plus en plus souvent, les femmes gardent leurs noms de jeune fille pour leurs activités professionnelles.

Women increasingly tend to keep their maiden-names for their professional activities.

20. Il y a des limites à ce que l'on peut mettre sur la note de frais, tout de même.

There's a limit to what you can put on your expense account, after all.

21. Faites le 18 pour obtenir Police Secours.

Dial 949 (GB) for emergency services.

22. Vous aurez un préavis d'un mois.

You will be granted one month's notice.

23. C'est toujours motivant de savoir qu'une prime est possible.

It is always motivating to know a bonus is possible.

24. Je suppose que le salaire sera proportionné à ma formation et à mon expérience.

I suppose the salary will be commensurate with my education and experience.

25. Le service de ressources humaines était chargé de calculer la pension des personnes retraitées de l'entreprise.

The human resources department was responsible for the calculation of the pension payout for the company retirees.

26. Beaucoup d'entreprises utilisent des stagiaires pour de longues durées en les payant très peu.

Many firms use trainees for long periods of time and pay them very little.

27. Une véhicule de fonction constitue un avantage supplémentaire intéressant.

A company car is definitely a useful fringe benefit.

addition	**addition**
altitude	**height**
angle droit	**right angle**
annuler (mettre à zéro)	**clear (to)**
approche paramétrique	**parametric analysis**
argument de formule	**argument**
arrière-plan	**background**
assister à [1]	**attend (to)**
atelier	**workshop**
atout [2]	**asset**
axe des abscisses	**X-axis**
axe des ordonnées	**Y-axis**
base de données	**database**
base de données relationnelle	**relational database (package)**
bonne connaissance (avoir une — de) [3]	**well versed (to be — in)**
bureau (d'interface graphique)	**desktop**
calculer	**calculate (to)**
calcul	**computation**
calcul en virgule flottante	**floating point computation**
carré	**square**
cellule active	**active cell**
cellule précédente	**previous cell**
chaîne de caractères héxa-décimaux	**hex-string**
coller sur lien	**paste link (to)**
comparaison	**comparison**
cote (z)	**Z-coordinate**
couramment [4]	**fluently**
courbes	**chart**
cycle universitaire	**graduate studies**
défiler d'un écran vers le bas	**scroll screen down (to)**
défiler d'un écran vers le haut	**scroll screen up (to)**
défiler d'une ligne vers le bas	**scroll line down (to)**
défiler d'une ligne vers le haut	**scroll line up (to)**
dessin par point	**painting (bitmapped)**
dessin vectorisé	**drawing (vectorised)**

différence (écart)	difference
différence (soustraction)	subtraction
diplôme universitaire	university degree
diplômé [5]	graduate
données	data
éducation	education ; training
éducation et études universitaires	education and university background
encadrement de cellules	cell border
en diagonale [6]	diagonally
épreuve écrite	written exam
épreuve orale	oral exam
étude [7]	study
études secondaires	secondary school studies
examen	examination (exam)
exercices corrigés (livre d')	answer book
exposant 3 pt	superscript 3 pt
expert (être — en)	well versed (to be — in)
fenêtre (graphique)	window
fenêtre ouvrante (graphique)	pop-up window
fenêtre suivante	move to next window (to)
feuille de calcul	spreadsheet
feuille de données	data sheet
fond (graphique)	background
fuseau horaire	time zone
graduation	division ; grid
grapheur	charting software
haut de gamme [8]	top-of-the-line ; state-of-the-art
holographie	holography
image incluse	included image
indice 2 pt	subscript 2 pt
infocentre	data center
information (traitement de l'–)	data processing
informatique	computer science
inforoute	info-highway
insérer une formule	insert formula (to)
insérer un graphique	new picture

interprétation visuelle	visual perception
jeu de caractères « Symbol »	Symbol font
langage de programmation	programming language
ligne des axes	axis
ligne de comparaison	matching line
ligne de projection	projecting line
ligne précédente	previous line
logarithmique	logarithmic
logiciel de dessin	drawing software
marge d'erreur	margin of error
masquer la règle	hide ruler (to)
mettre à l'échelle	scale (to)
mise à l'échelle	scaling
modeleur 3D	3D modelling program
modélisation (numérique) [9]	numerical modelling
nom de série	string name
notation scientifique	floating point format
nouvelle fenêtre	new window
occurence [10]	hit ; occurrence
outil de dessin	drawing tool
participants (congrès)	delegates
passer (un test)	take a test (to)
plage (de valeurs)	range
présentation des données	data set-up
primaire	primary
productique	computer integrated manu-facturing
puissance de calcul	processing power
rassembler (renseignements)	collect data (to)
rechercher	find (to) ; research (to)
recherche de fichier	file-finding
rechercher encore	find again (to)
retouche photographique	photographic retouching
robotique (la –)	robotics
secondaire	secondary
séminaire	seminar
simulation (numérique)	simulation (numerical —)

sommet (d'une courbe)	apex
souci pédagogique	educational concern
soutenance de thèse	defense of ones thesis
statistiques	statistics
surface	area
symbole	symbol
système d'axes	set of axes
tableur	spreadsheet
traitement d'images	image processing
tri	sorting out
tri croissant	ascending order sorting ; forward sorting
tri décroissant	backward sorting ; descending order sorting
virgule décimale	decimal point
vue 3D fil-de fer	wireframe 3D view

FILIÈRES UNIVERSITAIRES ET ÉQUIVALENCES

Que ce soit pour comprendre ou rédiger un curriculum-vitae, pour définir un poste, pour apprécier un échange scientifique ou une bibliographie, les raisons ne manquent pas d'avoir à comparer les systèmes d'éducation français, américain et anglais. Ce lexique se devait d'apporter le minimum d'information nécessaire aux utilisateurs de bureautique éventuellement confrontés au problème.

ORGANISATION DE L'ENSEIGNEMENT AMÉRICAIN

Primaire
Elementary School, entre 6 et 11 ans, jusqu'au « 6th grade ».
Junior High School, entre 11 et 13 ans, jusqu'au « 8th grade ».

Secondaire
High School entre 14 et 18 ans, jusqu'au « 12th grade ».

Enseignement supérieur
Les Universités délivrent tous les diplômes :
·   Bachelor's degrees : BA (Bachelor of Arts), BS (Bachelor of Science)
·   Master's degrees : MA (Master of Arts), MS (Master of Science)
·   PhD : « Doctor of Philosophy », ou Doctorat, historiquement en philosophie mais appliqué aujourd'hui à bien d'autres disciplines.

Colleges et Universities permettent d'obtenir le diplôme de Bachelor en quatre ans ; de une à deux années de plus – « graduate studies » – conduisent au Master's ; un PhD demande deux à quatre ans de plus.

Pour les étudiants étrangers il n'existe pas d'équivalences formelles aux Etats-Unis entre niveaux d'études et diplômes. L'admission se fait de toute façon sur dossier au cas par cas et ceci à tous les niveaux. Tout étranger qui demande l'admission à un Collège ou une Université doit au préalable et au minimum passer l'examen d'anglais « TOEFL » : *Test of English as a foreign language*. Selon le cas, il devra passer également un examen d'admission aux études de second cycle universitaire : GRE (*Graduate record examination*) pour les études scientifiques, GMAT (*Graduate management admission test*) pour les études de gestion.

ORGANISATION DE L'ENSEIGNEMENT BRITANNIQUE

En Grande Bretagne, le système éducatif est du ressort des autorités locales et peut donc présenter des variations notables dans chaque région (en Écosse notamment, où subsiste une forte autonomie scolaire), ville ou district. Les établissements primaires et secondaires sont souvent privés et payants, et se différencient notamment par le port d'un uniforme, les règlements, les matières enseignées et même les punitions. Les grandes lignes de l'organisation usuelle sont résumées ci-dessous.

Secondaire
« Secondary School », entre 12 et 18 ans, comprend au moins 5 ans d'éducation secondaire obligatoire.
Un examen sanctionne le niveau « ordinaire » (« O level »), à 15-16 ans, par le « General Certificate of Secondary Education » (GCSE).
Deux années supplémentaires conduisent, à 17-18 ans, à l'examen du niveau « avancé » (« A level ») nécessaire pour accéder aux études supérieures.

Enseignement supérieur
« Higher Education » se divise essentiellement en trois branches : University, Polytechnic, Teaching Education.
Les universités conduisent au « Bachelor's degree » en 3 ans (BA : Bachelor of Arts ; BSc : Bachelor of Science), au « Master's degree » en 1 an (MA et MSc), puis au doctorat (PhD) en 3 à 5 ans incluant une première année de « Master's in Philosophy » (MPhil).
« Teaching Education » (ou « College Education ») conduisent en 3+1 ans au Diploma in Education (DipEd).

	FRANCE	USA	UK
2-3 ans	Crêche	Day-care	Nursery school
3-4 ans	Maternelle	Pre-school	*facultatif*
4-5 ans	"	Pre-kindergarten	"
5-6 ans	"	Kindergarten	
	Primaire	**Elementary School**	**Primary School**
6-7 ans	Cours préparatoire (CP)	1st grade	*obligatoire*
7-8 ans	Cours élémentaire 1ère année (CE1)	2nd grade	"
8-9 ans	Cours élémentaire 2e année (CE2)	3rdgrade	"
9-10 ans	Cours moyen 1ère année (CM1)	4th grade	"
10-11 ans	Cours moyen 2e année (CM2)	5th grade	"
	Secondaire 1er cycle (Collège)	**Junior High School**	**Secondary School**
11-12 ans	Sixième	6th grade	(Comprehensive
12-13 ans	Cinquième	7th grade	Schools
13-14 ans	Quatrième	8th grade	et Grammar
14-15 ans	Troisième	9th grade	Schools)
	Secondaire 2nd cycle (Lycée)	**High School**	
15-16 ans	Seconde	10th grade	**O Level** (G.C.S.E.)
16-17 ans	Première	11th grade	
17-18 ans	Terminale (Baccalauréat)	12th grade	**Advanced Level** A Level
	Supérieur (Université)	**College or University**	**Higher Education**
18-20 ans	DEUG	AA (Associate of Arts)	"
20-21 ans	Licence	Bachelor's degree (4 ans) BA (Bachelor of Arts) BS (Bachelor of Science)	Bachelor's degree (3 ans) (BA, BSc)
21-22 ans	Maîtrise (MA, MS) (MA,	Master's degree	Master's degree (MSc)
23 ans et +	Doctorats PhD	PhD	

1. Tous les actionnaires sont invités à assister à l'assemblée générale.

   All the shareholders are invited to attend the general assembly meeting.

2. Il va sans dire que votre connaissance de l'informatique représente un atout majeur.

   It goes without saying that your computer knowledge is a great asset.

3. Jack a une bonne connaissance du droit international.

   Jack is well versed in international law.

4. De nos jours, tout le monde veut parler l'anglais couramment.

   Everyone wants to speak English fluently nowadays.

5. Le nombre de diplômés est effarant ces jours-ci.

   College graduates are a dime a dozen these days.

6. Il vous faut couper le tissus dans la diagonale.

   You have to cut the fabric diagonally.

7. Nous faisons une étude détaillée sur les activités de nos concurrents.

   We are making an in-depth study on our competitors' activities.

8. Notre société ne produit que des articles de haut de gamme.

   Our company only makes top-of-the-line products.

9. La modélisation numérique permet de simuler sur ordinateur à partir de lois mathématiques le fonctionnement de mécanismes complexes.

   The working of complex mechanisms can be simulated on computer through numerical modelling based on mathematical laws.

10. Il y a trop d'occurrences avec ces critères de recherche pour les afficher.

    These searching key-words brought too many hits for display.

abonné résidentiel (telécom)	residential subscriber
accélérateur	booster
accessoire extérieur	add on device
accès à distance	remote retrieval
accouplement	coupling
acoustique [1] (nom)	acoustics
acoustique (adjectif)	acoustic
actif bas (niveau logique)	active low
actif haut (niveau logique)	active high
actionneur	actuator
adaptateur	adapter (GB) ; adaptor (US)
adhésif (ruban)	adhesive (tape)
admission d'air	air admission
agréé (selon réglements)	approved
aide à l'écran	onscreen help
aide à la fusion	print merge helper
aide en ligne [2]	online help
aide par désignation	help (context sensitive)
ajouter au menu	add to menu (to)
alerte	alarm
alimentation ininterruptible	uninterruptible power supply (UPS)
altitude (d'utilisation)	altitude (operating —)
amortisseur	damper
amortisseur à air	dash-pot
analyseur de spectre	spectrum analyser
annuler (arrêter)	stop (to)
antenne (radio)	aerial
antenne collective	community antenna
application (logiciel d' —)	application (software)
application-réseau	networking application
application autonome	self-contained application
arbre à came	camshaft
archive (informatique) [3]	backup
archives	records
armature	frame
arrêt d'urgence	emergency stop

arrière du moniteur	back of the monitor
assemblage	assembly
assistance	support
assistance téléphonique	hot line
associer à la touche	assign to key (to)
astuce	tip
atelier	workshop
atténuation (de bruit)	reduction (noise —)
atténuation (de propagation)	attenuation (path —)
atténuation en fréquence	frequency loss
automate programmable	programmable controller
automatisation de production	manufacturing automation
autonome (utilitaire)	stand-alone (utility)
à jour	up-to-date
baie (électronique)	rack
bande passante vidéo	video bandwith
basculer (commuter)	switch (to)
bascule (électronique)	flip-flop
batterie (électrique)	rechargeable battery
batterie tampon	buffer battery
bénéfice de la garantie [4]	warranty
bidirectionnel	two-way
bielle	connecting rod
bille	ball
blindage	shield ground
bloquer	clamp (to)
boite à vitesses	gearbox
boitier	case
bombe [5] (message d'alerte)	bomb
bouchon	cap
boucle de courant	current loop
boule roulante	track ball
bouton de démagnétisation	degauss button
bouton de sélection	selector button
brasage	brazing
brochage	pin assignments
broche (connecteur)	pin

broche (mécanique)	spindle
butée (mécanique)	abutment
cabestan	capstan
câble coaxial	coaxial cable
câble d'alimentation	power cord
cache	cover plate
cadran	dial
caisse à claire-voie	crate
cale	wedge
came	cam
canal [6]	channel
capacité	capacity
capacité d'adressage	addressing capacity
capacité de visualisation [7]	display field
capture d'écran	screen grabbing
capture d'image (logiciel)	image grabber
capuchon	cap
carnet de bord	log book
carte accélératrice	accelerator board
carte d'extension	add-in board
centre de messages	message center
certificat de conformité	compliance certificate
chaîne (de caractères)	string (character)
chaîne de caractères ASCI I [8]	ASCII-string
chaîne de caractères héxa-décimaux	hex-string
chànger le style	change style (to)
charbon actif	absorbent carbon
charge (de traitement)	workload
chargement frontal	front loading
chassis (électronique)	rack
circuit d'alimentation	power supply circuit
circuit de puissance	power circuit
circuits hybride (électr)	hybrid circuit
clapet	valve
clavette	cotterpin
clavier	keyboard

clavier alphanumérique	alphanumeric keyboard
clavier étendu	extended keyboard
clavier français	French keyboard (AZERTY)
clavier numérique	numeric keyboard
clavier rabattable	collapsible keyboard
clavier US	US keyboard (QWERTY)
clé (à écrou)	spanner
clé Allen (hexagonale)	Allen wrench ; hex wrench
clé anglaise	monkey spanner
clé à douille	socket wrench
clé à molette	adjustable spanner
clé hexagonale	hex wrench ; Allen wrench
client-serveur [9]	client-server
climatisé	air conditioned
cliquet	ratchet
clou	nail
co-processeur mathématique	math coprocessor
code à barres	bar code ; Universal Product Code (UPC)
code préprogrammé	preset code
cœur existant	existing core
collecte de données	data collection
collier de fixation	clamping collar
combinaison de touches	key-stroke combination
combiné (téléphonique)	handset
commande à distance	remote control
commande utilisateur	user control
commutateur	switch
comparateur (à cadran)	dial gauge
compatibilité	compatibility
compatibilité électromagnétique (CEM)	electromagnetic immunity (EMI)
compilateur croisé	cross compiler
compilateur natif	native code compiler
compilation (en cours de —)	compile time (at)
complet (toutes options)	full-blown

composant actif	active component
composant extérieur	external component
composant passif	passive component
conditionnement des circuits	chip conditionning
conditionnement de signaux	signal processing
configuration nécessaire	system requirement
connectique	cabling
console	console
consulter [10] (une liste)	look up (to)
contact inverseur	changeover contact
contraste	contrast
contre-écrou	check-nut
contrepoids	counterbalance
contrôle automatique de gain	automatic gain control (AGC)
contrôle cyclique par redondance	cyclic redundancy check (CRC)
contrôle de processus	process control
convection (refroidissement par —)	convection (cooling by —)
convergence horizontale	H-stat misconvergence adjustment
convergence verticale [11]	V-twist misconvergence adjustment
cosse (de fil)	clip
côté droit	right side
couches minces (circuits électroniques)	chip bonding
couplage direct	direct drive
courant alternatif	alternating current (AC)
courroie	belt
courroie crantée	cog-belt
courroie d'entraînement	drive-belt
coussinet élastique	cushion
crémaillère (et pignon)	rack (and pinion)
cryptage	encryption
crypter	cypher (to)
cycle de vie	life cycle

débrancher	disconnect (to)
débrayer	declutch (to)
décibel	decibel
déclenchement	actuation ; triggering
déclencher	actuate (to) ; trigger (to – off)
déconnexion (de réseau)	log-off
dédié ; machine dédiée	dedicated (machine)
défaut de logiciel	bug
déflecteur d'air	air baffle
défocalisé	out of focus
démodulateur	demodulator
démontage	disassembly
démultiplexeur	demultiplexer
détrompage (fente de —)	indexing slot
déverminage (composant électronique)	burn-in
déverminage (de logiciel)	debugging
diagnostic	diagnosis
diode	diode
diode laser	laser diode
disponibilité	availability
dispositif de diagnostic	testing device
dispositif électronique	electronic device
dispositif passif micro-onde	microwave passive component
disquette	floppy disk
disque dur	hard disk
disque dur extractible	removable hard disk
disque souple	floppy disk
distributeur (appareil —)	dispenser ; vending machine
distributeur agréé	authorized dealers
division (document) [12]	section (document)
documentation	documentation
double densité	double density
double face	double sided
douille	socket
dupliquer	duplicate (to)
écouteur	earphone

écran à balayage	raster screen
écran de démarrage [13]	start screen
écran plat à cristaux liquides	liquid cristal display
écran vidéo	video monitor
écrou	nut
écrou à oreilles	finger nut
écrou à tête héxagonale	hex nut
écrou borgne	acorn-nut
écrou cannelé	castle nut
écrou imperdable	attached nut
élastique (bande —)	rubber band
emballage	packaging
embase	socket
embrayage	clutch
emporte-pièce	hole-cutter
émulateur	emulator
encodage	encryption
ensemble (de produits)	bundle
entraînement à courroie	belt-driven
entrefer	air gap
entretien (réparation)	maintenance
entretoise	cross-piece
environnement de bureau	in-door environment
en dérangement [14]	out of order
entraînement direct	direct drive
entrée numérique opto-isolée	optocoupled logic input
enveloppe métallique	casing
en panne	out of order
environnement sévère	harsh environment
équipotentielle	equipotential
erreur fugitive	transient fault
espace disponible	available space
espace libre	free space
établi	bench
étalonnage	calibration
étanche à l'air	air tight
état (en bon —)	repair (in good—)

étiquette-adresse	**mailing label**
exécution (au cours de l' —)	**runtime (at —)**
exigence en mémoire	**memory requirement**
exposé au soleil	**direct sunlight (in —)**
extension	**add-in**
facteur de bruit	**noise factor**
facteur de correction	**compensation factor**
facteur humain	**human factor**
fer à souder	**soldering iron**
fiabilité	**dependability**
fiable	**reliable**
fibre optique	**optical fibre**
fiche (électronique)	**jack**
filetage	**thread**
filtre	**filter**
flot de données	**data flow**
flou	**out of focus**
foirer (un filetage)	**cross-thread (to)**
formulaire (imprimé) [15]	**form (printed —)**
foudre	**ligthning strike**
fournisseur de système	**system provider**
fragile	**fragile**
frappe de touche	**key-stroke**
fréquence de balayage	**scanning frequency**
frontal (calculateur)	**front-end (computer)**
fusible de même type	**same type fuse**
fusible secteur	**power line fuse protection**
gabarit	**template**
galet	**roller**
gamme de fréquence	**frequency range**
gestion de fichiers	**file management**
gestionnaire de fichiers	**file manager**
goupille	**pin**
goupille fendue	**cotter pin**
graisser	**grease (to)**
haut de gamme [16]	**top-of-the-line ; state-of-the-art**
haut débit	**high rate**

haute densité	**high density**
heures creuses	**dead hours**
hors d'usage	**out of order**
hors série	**custom-built**
image incluse (TV) [17]	**picture in picture (PIP)**
impression sérigraphique	**silk-screen printing**
imprimante	**printer**
incorporé	**built-in**
indicateur (jauge)	**gauge**
indicatif du pays [18]	**country code**
indication d'appel (téléphone)	**call waiting signal**
infocentre	**data center**
infogérance	**facility management**
informatisation	**computerisation**
inforoute	**info-highway**
insonirisant	**damper**
intégré (logiciel)	**integrated software package**
interrogeable à distance	**remote retrieval (with —)**
intervention sous garantie	**warranty claim**
jauge	**gauge**
joint	**seam**
jonc d'arrêt	**circlip**
journal	**log**
lampe témoin	**warning signal lamp**
languette	**tab**
laser	**laser**
laser à semiconducteur	**solid state laser**
licence site	**site licencing**
ligne en dérangement (téléphone)	**out of order line**
ligne occupée (téléphone)	**busy line (US) ; engaged line (GB)**
ligne suivante	**next line**
linge non pelucheux [19]	**lint-free cloth**
logiciel d'installation	**installer utility**
logiciel de comptabilité	**accounting software package**
longueur d'onde	**wavelength**

luminosité	**brightness**
machine cible	**target computer**
machine hôte	**host computer**
manche	**handle**
manchon élastique	**flexible-type coupling**
manivelle	**crank**
manuel d'entretien	**service manual**
manutention	**handling**
manutention (frais de —)	**handling charges**
maquette (électronique)	**breadboard**
marche à suivre	**check list**
masse (électrique)	**earth (GB) ; ground (US)**
masse d'équilibrage	**balance weight**
masse polaire	**pole piece**
mémoire cache	**cache memory**
mémoire de masse	**mass storage**
mémoire écran	**screen memory**
mémoire vidéo	**video RAM (VRAM)**
menus abrégés	**short menus**
menu déroulant	**roll down menu**
message d'alerte	**alarm display**
mettre en forme	**enhance (to)**
mettre en forme (texte)	**format (to)**
micro-onde	**microwave**
milieu absorbant	**absorbing media**
milieu diffusant	**scattering media**
mini-ordinateur	**mini-computer**
mise à jour	**update**
mise à niveau	**upgrading**
mise en service	**first time operation**
mode client-serveur	**client-server architecture**
mode d'emploi	**directions for use**
mode d'emploi	**operating instructions**
modification	**product update**
modulateur	**modulator**
module exécutable (ordinateur)	**executable file**
module source (ordinateur)	**source file**

moniteur	**monitor**
monolithique	**monolithic**
montage	**assembly**
monte-charge	**platform elevator (US)**
mot d'état	**status information**
mot de passe	**password**
mot de passe de secours	**back-door password**
moulage	**casting**
multiplexeur	**multiplexer**
multitâches	**multitasking**
multivibrateur (électronique)	**free running flip-flop**
neutre (électrique)	**neutral**
neutres (schéma des —)	**grounding layout (US)**
normes (conformité aux —)	**compliance with legal demands**
numérotation multifréquences	**tone dialing**
numérotation par impulsions	**pulse dialing**
onde millimétrique	**millimetric microwave**
onduleur	**uninterruptible power supply (UPS)**
ondulé (tôle —e)	**corrugated (iron)**
opérande	**operand**
opérateur (de télécom)	**network operator**
options de l'imprimante	**printer options**
opto-électronique	**optoelectronic**
ordinateur distant	**remote computer**
ordinateur hôte	**host computer**
ordinateur portable	**electronic note book ; laptop computer**
orifice [20]	**opening**
outils (boite à —)	**tool box**
outil à sertir	**crimping tool**
paire torsadée blindée	**shielded twisted pair (STP)**
paire torsadée non blindée	**unshielded twisted pair (UTP)**
palier	**bearing**
panne (de fer à souder)	**soldering-bit**

panne (de machine)	breakdown
panneau arrière	back panel
panneau avant	front plate
panne de secteur	power cut
papier en continu	fanfold paper
parasites de contact	key chirps
parité (contrôle de —)	parity check
partie en creux	recessed part
passerelle (de communication)	gateway
personnalisable	user configurable
photocoupleur	optocoupler
pièce de rechange [21]	replacement part ; spare part
pied à coulisse	caliper
pignon	pinion
pile	battery
pile alcaline	alkalin battery
pince à dénuder	stripper
pince à sertir	crimping tool
pince coupante	wire-cutter
pince crocodile	alligator clip
plan d'implantation (de circuits)	floorplan
plaque d'essai (électronique)	breadboard
plus de papier	out of paper
poids	weight
poignée	handle
poinçonner	stamp (to)
point mort	dead center (US)
pompe à chaleur	heat pump
porte-outils (de robot)	end effector
position	position
PostScript™ (langage) [22]	Postscript™ (language)
poulie trapézoïdale	pulley
précautions à prendre	things to avoid
précelles	tweezers
précision	accuracy
prise (électrique) [23]	power plug
prise murale	wall outlet

prise secteur	power socket
prise vidéo	video socket
procédure de dépannage	troubleshooting
production de films	movie making
production par lots	batch production
propagation guidée	guided propagation
propagation libre	open space propagation
protection par fusible	fuse protection
protégé	protected
protégé à l'écriture	write protected
puce (électronique)	chip
puissance nécessaire	power requirement
pupitre	console
qualification	approval
raccord de tuyau souple	hose adaptor
rebondissement (contact électrique)	bounce
récipient	container
redémarrer (ordinateur)	reboot (to)
réducteur (de vitesse)	gear-box
reflet (brillant) [24]	bright light
refroidissement par air	air cooled
réglement de sécurité	safety regulation
réglé en usine	factory adjusted
régulation de température	thermal regulation
rémanence	after-glow
remplacer	replace (to)
renommer	rename (to)
renuméroter	renumber (to)
réparateur [25]	repairman
réparer	fix (to)
répondeur électronique sans cassette	tapeless microelectronic answering phone
réponse spectrale plate	flat spectral response
réseau de communication	communication network
réseau de distribution	distribution network
réseaux locaux industriels	local area networks (LAN)

réservoir	container
résolution	resolution
responsable de réseau (de télécom.)	network manager
ressort	spring
rétablir	undo (to)
risque d'incendie	fire hasard
rondelle	washer
rondelle à ergots	tab washer
rondelle bombée	domed washer
rondelle d'arrêt	stop washer
rondelle d'écartement	spacing washer
rondelle de calage	setting washer
rondelle de frottement	friction washer
rondelle de réglage	adjusting washer
rondelle décolletée	punched washer
rondelle élastique	spring washer
rondelle fendue	split washer
rondelle fraisée	countersunk washer
rondelle frein	lock washer
rondelle hémisphérique	cup washer
rondelle isolante	insulating washer
rotule	ball-joint
roue à rochets	ratchet wheel
roue dentée	cog-wheel
rouleau	roller
roulement à billes	ball-bearing
ruban	band
ruban adhésif	adhesive tape
salle blanche	clean room
sauvegarde	backup
schéma fonctionnel	block diagram
scie à métaux	hacksaw
semiconducteur	semiconductor
serrage (de boulon)	tightening (of screw _)
serre-câble	cable gland ; strain relief
serre-fil	clamp

serre-joint (à vis)	screw-clamp
se dérégler	adjustment (to go out of —)
sélecteur de canaux	channel selector
serre-joint	C-clamp
sertir (un connecteur)	crimp (to)
serveur	server
serveur de fichiers	file serveur
service d'entretien	support staff
service après-vente	after-sales service ; servicing
se connecter (par réseau)	log-in (to)
signal d'appel	call signal
signal d'entrée	input signal
simple face	single face
somme de contrôle	checksum
sonde HF	HF probe
sonde HT	HT probe
soudure à l'étain	soft soldering
soudure par trempage	dip soldering
source de lumière vive	source of bright light
station de dépannage	rework station
station de travail	work-station
station durcie portable	portable ruggedised work-station
station fixe (télécom)	base station
stock de pièces détachées	spare parts storage
style [26]	style
style de caractère [27]	character format
style de trait	line style
style standard	standard style
supercalculateur graphique	graphic supercalculator
support (de composant)	socket
support	craddle
supprimer du menu	remove from menu (to)
supraconducteur	supraconductive
sur le terrain	on-site
synchronisation composite	composite synchronization
système d'inspection	quality control tool

système d'opération	operating system (OS)
système de développement	development system
tableau de bord	control panel
tableau de commande	control board
tachymètre	speedometer
taux d'humidité (en fonctionnement)	humidity (operating —)
technicien qualifié	qualified service technician
télécommunications optiques	optic telecommunications
télécopieur groupe 4	G4 fax
télédiagnostic	remote diagnosis
téléphone sans fil	cordless phone
télévision par câble	cable television
température ambiante	ambient temperature
températures élevées	high temperatures
temps d'accès	access time
temps d'acquisition	acquisition time
temps de chauffe	warm-up time
temps de connexion	connect time
temps moyen de réparation	mean time to repair (MTTR)
temps moyen entre dépose	mean time between removals (MTBR)
temps moyen entre pannes	mean time between failure (MTBF)
temps partagé (ordinateur en)	time-sharing
temps universel	universal time (TU)
tension d'alimentation	input voltage
terminal d'utilisateur	user terminal
terminal radioélectrique	wireless terminal
terminal sans fil	cordless terminal
terre (électrique)	earth (GB) ; ground (US)
tire-fond	log-screw
tirer doucement	pry gently (to)
touche majuscule	shift key
tournevis à lame plate	flat-head srewdriver
traceabilité	trackability
trait gravé	chisel-mark

transducteur rotatif de position	synchro-resolver
transfert de données	data transfer
transfert de fichiers	file transfer
transistor	transistor
trappe de visite	inspection hatch
traversée isolée	insulated feed-through
trois états (logique à —)	tristate logic
tube cathodique	cathode ray tube (CRT) ; picture tube
unité à virgule flottante	floating point unit (FPU)
unité centrale	central processor unit (CPU)
unité d'affichage	readout device
universel	all-purpose
utilisateur intensif	power user
utilitaire (logiciel)	utility (software)
valeur limite	maximum rating
vaporisateur	atomiser (GB) ; atomizer (US)
veille	idle mode
ventilation [28]	cooling vents
verrouiller	lock out (to)
verrouillé (fichier —)	locked (— file)
verrou de sûreté	security lock
version bas de gamme	low-cost version
version binaire du logiciel	binary file of program
version d'essai bêta	beta release
version durcie	ruggedised model
version haut de gamme	full-fledge version
vibration forte	high vibration
vibreur	buzzer
vidéo image par image	still video
vieillissement	obsolescence
vieillissement artificiel	age hardening
vis	screw
vis auto-taraudeuse	self-tapping screw
vis à ailettes	wing-screw
vis à oreilles	finger-screw ; thumbscrew
vis à tête carrée	square-head screw

vis à tête cruciforme	star head screw
vis à tête cylindrique	cheese-head-scew
vis à tête fendue	slot-headed screw
vis à tête fraisée	bevel-headed screw ; countersunk screw
vis à tête goutte de suif	button-head screw ; oval-head screw
vis à tête hexagonale	hex-head screw
vis à tête moletée	milled-head screw
vis à tête plate	flat-head screw
vis à tête ronde	round-head screw
vis à tôle	self-tapping screw
vis de butée	butt screw
vis de réglage	adjusting screw
vis de serrage	binding screw
vis encastrée	sunk screw
vis imperdable	captive screw
vis moletée	knurled-head screw
vis pointeau	cone-point screw
vis sans fin (engrenage à –)	worm-gear
vis sans tête	grub-screw
vitesse de transmission (sur ligne)	baud rate
zone d'affichage [29]	active video area
zone d'impression	printing zone
zone de saisie	editing box

1. L'acoustique de la salle B est meilleure.

   The acoustics of meeting room B is better.

2. Les logiciels actuels sont si compliqués qu'ils doivent comporter leur propre documentation sous forme d'aide en ligne.

   Modern software is so complicated that on-line help is mandatory.

3. Mettez les archives de la semaine à l'abri dans le coffre, s'il vous plaît.

   Please put the weekly backup away in the safe.

4. Le bénéfice de la garantie est perdu si les contrôles internes du moniteur sont déréglés.

   Tampering with the internal controls of the monitor void the warranty.

5. Certains ordinateurs affichent une bombe en cas d'erreur irrémédiable.

   Some computers display a bomb when a final error occurs.

6. Le choix des canaux est très augmenté avec la télévision par câble.

   The choice of channels is dramatically increased with cable-TV.

7. La capacité de visualisation sur l'écran d'un micro-ordinateur est habituellement de 480 lignes de 640 points.

   The display field area on a micro-computer screen usually covers 480 lines of 640 pixels.

8. Les chaînes de caractères ASCII sont les seules qui peuvent être transmises sûrement par les réseaux d'ordinateurs.

   ASCII-strings are the only ones that computer networks can transmit securely.

9. L'architecture « client-serveur » met l'accent sur l'utilisateur dont le poste de travail devient le support d'intégration de tous les services de l'entreprise.

   The client-server organization emphasizes the user's workstation as the integrating support for all the corporate services.

10. Je vais consulter mes fiches pour trouver les références.

I'll look up the references on my index cards.

11. Lorsque les faisceaux rouge, bleu et vert ne convergent pas précisément, les images peuvent apparaître ombrées ou floues.

When the red, blue and green beams do not properly converge, images on the screen may appear shadowed or out of focus.

12. Un traitement de texte digne de ce nom permet de créer plusieurs divisions dans un même document et de définir des options de mise en page comme les marges, les en-têtes ou les pieds de page, différentes dans chacune d'elles.

An adequate text processor can handle several sections in the same document allowing the user to change the page layout options such as margins, headers or footers, from one to the next.

13. L'écran de démarrage est une jolie gravure qui s'affiche sur l'écran à la mise sous tension du micro-ordinateur.

The start screen is a nice picture displayed on the microcomputer screen at power on.

14. On ne peut pas se permettre d'avoir un réseau téléphonique en dérangement.

We cannot afford to have a telephone network out of order.

15. « Veuillez signer sur les pointillés » est une phrase souvent utilisée sur les formulaires.

'Please sign on the dotted line' is a phrase you will see on many official forms.

16. Notre société ne produit que des articles de haut de gamme.

Our company only makes top-of-the-line products.

17. Les téléviseurs de haut de gamme ont une fonction « image incluse » (PIP) qui permet de regarder deux chaînes simultanément.

Top-of-the-line TV-sets have a 'picture in picture' function (PIP) which allows watching two channels simultaneously.

18. Pour téléphoner en Angleterre, taper l'indicatif du pays 44.

To make a phone-call to the United Kingdom, the country code to dial is 44.

19. Nettoyer la poussière sur l'écran du moniteur avec un linge humide non pelucheux.

Use a damp, lint-free cloth to remove the dust on the monitor screen.

20. Les réglages internes sont accessibles par un petit orifice réctangulaire à l'arrière du boitier.

The small rectangular opening on the back of the cabinet is for adjusting the internal controls.

21. Il faudrait commander la pièce de rechange pour l'imprimante tout de suite.

The replacement part for the printer must be ordered right away.

22. Le langage Postscript a été conçu par Adobe pour commander la mise en page des imprimantes laser.

The Postscript language has been designed by Adobe to control the page layout on laser printers.

23. Débranchez la prise électrique en tirant sur la prise et non sur le câble.

Disconnect the power plug by pulling the plug, not the cable.

24. Installer votre monitor de façon à éviter les reflets brillants sur l'écran.

Position your monitor so that the screen won't reflect bright light.

25. On attend le réparateur à tout moment.

We are expecting the repairman any minute.

26. Dans un traitement de texte moderne, la mise en

In modern word processors, character enhancement and

forme des caractères et l'espacement des lignes sont des attributs de paragraphes qui peuvent être attachés à un style.

line spacing are paragraph-attributes which can be linked to a style.

27. Vous pouvez utiliser plusieurs styles de caractères, comme à la fois gras et italique, dans un même texte.

You can apply multiple character formats, such as both bold and italic, to the same text.

28. Ne posez pas d'objets tels que livres, magazines, papiers, vêtements sur l'ordinateur, c'est le plus sûr moyen de bloquer la ventilation et d'endommager ses circuits.

Placing objects such as books, magazines, papers, clothing is a sure way to block the cooling vents and damage the circuitry.

29. La zone d'affichage sur l'écran d'un micro-ordinateur est habituellement de 480 lignes de 640 points.

The active video area on a micro-computer screen usually covers 480 lines of 640 pixels.

SIGLES SPÉCIALISÉS D'ORIGINE ANGLAISE

Les domaines d'utilisation sont rappelés par les abréviations suivantes :

admin.   services administratifs ou officiels
électr.   composants et techniques électroniques
financ.   finances et commerce
inform.   informatique, ordinateurs et périphériques associés
mécan.   matériels et mécanique
télécom.   télécommunications

AAA   **American Automobile Association (Triple A),** *admin.* Automobile Club américain.

ADC   **Analog to Digital Converter,** *électr.* convertisseur analogique vers numérique (CAN).

ADP   **Automatic Data Processing,** *inform.* traitement automatique de données (TAD).

AGC   **Automatic Gain Control,** *électr.* contrôle automatique de gain (CAG).

ANSI   **American National Standard Institute,** *admin.* organisme américain de normalisation.

ARPA   **Advanced Research Projects Agency,** *admin.* agence gouvernementale américaine

ARPANET   **Advanced Research Projects Agency Network,** *télécom.* premier réseau de connexion d'ordinateurs ; ancêtre d'Internet

ASCII   **American Standard Code for Information Interchange,** *inform.* codage standard universel des caractères alphanumériques.

ASIC   **Application-Specific Integrated Circuit,** *électr.* circuit intégré à la demande.

ATE   **Automatic Test Equipment,** *inform.* banc de contrôle automatique.

ATM   **Asynchronous Transfer Mode,** *télécom.* technique d'échange de données par petits paquets très rapides.

ATM Automatic Teller Machine, guichet de banque automatique, distributeur de billet (DAB).

BASIC Beginners All-purpose Symbolic Instruction Code, *inform.* langage de programmation éducatif.

BBS Bulletin Board Service, *télécom.* serveur de messages public ; terme français en usage : babillard.

BCD Binary Coded Decimal, *inform.* codage des chiffres décimaux binaire (sur 4 bits)

BIT BInary digiT, *inform.* élément binaire d'information, conservé en français (BIT).

BPI Bits Per Inch, *inform.* bits par pouce, unité de mesure de la densité sur support magnétique.

BPS Bits Per Second (Kbps ; Mbps), *télécom.* bits par seconde, mesure de la vitesse de transmission d'une voie binaire.

BTS Base Transceiver Station, *télécom.* station fixe relais en téléphonie mobile.

CAD Computer Aided Design, *inform.* Conception Assistée par Ordinateur (CAO).

CAI Computer Aided Instruction, *inform.* Enseignement Assisté par Ordinateur (EAO).

CCD Charge Coupled Device, *électr.* dispositif à transfert de charges (DTC), capteur d'images

CCW Counter ClockWise, *mécan.* (dans le) sens inverse des aiguilles d'une montre

CD-ROM Compact Disk-Read Only Memory, *inform.* disque compact optique à lecture seule pour l'informatique.

CD-WORM Write One Read Many, *inform.* disque compact optique à écriture unique pour l'informatique.

CHPS Characters Per Second, *inform.* mesure la vitesse d'une transmission.

CISC Complex Instruction Set Computer, *inform.* processeur à jeu d'instructions complexe (par opposition à RISC).

CMOS Complementary MOS, *électr.* technologie de transistors « MOS complémentaire ».

CMY Cyan Magenta Yellow, *inform.* code de composition des couleurs (dit soustractif).

CODEC Coder-Decoder, *télécom.* codeur-décodeur (transmission téléphonique numérique).

CPI Characters Per Inch, *inform.* mesure de la densité d'information sur support magnétique.

CPU Central Processing Unit, *inform.* Unité centrale d'ordinateur.

CRC Cyclic Redundancy Check, *inform.* somme de contrôle cyclique.

CRT Cathode Ray Tube, *électr.* tube à rayons cathodiques.

CTRL Control, *électr.* touche CONTROL des claviers informatiques.

CTS Clear To Send, *télécom.* prêt à émettre (interface modem).

CVD-ROM Compact Video Disk–Read Only Memory, *inform.* vidéo-disque compact à lecture seule.

CW ClockWise, *mécan.* (dans le) sens des aiguilles d'une montre, sens horaire.

CYBORG Cybernetic Organism, *inform.* automatisme imitant les régulations vitales.

DAC Digital Analog Converter, *électr.* convertisseur numérique vers analogique (CNA).

DARPA Defense Advanced Research Projects Agency, *admin.* agence gouvernementale américaine de recherche.

DATACOM Data Communications, *télécom.* transmission de données.

DB Decibel, *télécom.* décibel (mesure logarithmique de gain ou de puissance).

DBA Data Base Administrator, *inform.* administrateur de base de données.

DBD Data Base Diagnosis, *inform.* vérificateur de base de données.

DBMS   Data Base Management System, *inform.* système de contrôle de base de données.

DDD   Direct Distance Dialing, *télécom.* automatique interurbain (téléphone).

DES   Data Encryption Scheme, *admin.* méthode de cryptage normalisée américaine (dite « à clé publique »).

DIN   Deutsche Industrie-Normen, *admin.* organisme de normalisation allemand de référence international.

DLYD   Delayed, *inform.* retardé.

DMA   Direct Memory Access, *inform.* accès direct en mémoire.

DMM   Digital Multimeter, *électr.* multimètre numérique (contrôleur).

DOS   Disk Operating System, *inform.* système d'opération avec disque dur.

DP   Data Processing, *inform.* traitement de données informatiques

DRAM   Dynamic Random Access Memory, *inform.* mémoire vive dynamique.

DSP   Digital Signal Processor, *électr.* processeur numérique de signal.

DSR   Data Set Ready, *télécom.* signal « prêt » du modem.

DTE   Data Terminal Enable, *télécom.* commande d'activation du terminal.

DTMF   Dual Tone Multiple Frequencies, *télécom.* standard de numérotation à fréquences vocales.

DTP   DeskTop Publishing, *inform.* publication assistée par ordinateur (PAO).

DTR   Data Terminal Ready, *télécom.* signal « prêt » du terminal.

ECC   Error Correction Code, *télécom.* code correcteur d'erreurs.

EDP   Electronic Data Processing, *inform.* informatique.

E(E)C   **European (Economic) Community**, *admin.* Communauté (Économique) Européenne (C(E)E).

EEPROM   **Electrically Erasable Programmable Read Only Memory**, *électr.* mémoire morte programmable effaçable électriquement.

EFT   **Electronic Funds Transfer**, *financ.* tranfert de fonds électronique.

EGA   **Extended Graphics Adapter (IBM)**, *inform.* carte vidéo-graphique étendue.

EISA   **Enhanced Industry Standard Adapter**, *inform.* normalisation d'interfaces par un groupement d'industriels.

ELF   **Extra Low Frequency**, *électr.* ultra basses fréquences.

EM   **Electro-Magnetic**, *électr.* électromagnétique.

EMC   **Electro-Magnetic Compatibility**, *électr.* compatibilité électromagnétique (CEM).

EMI   **Electro-Magnetic Interferences**, *électr.* parasites électromagnétiques.

ENIAC   **Electronic Numerical Integrator And Calculator**, *inform.* premier ordinateur, réalisé en 1947.

EOF   **End Of File**, *inform.* caractère de fin de fichier.

EOT   **End Of Transmission**, *télécom.* code normalisé de « fin de transmission ».

EPBX   **Electronic Private Branch eXchange**, *télécom.* standard privé électronique.

EPOS   **Electronic Point Of Sale**, *inform.* point de vente électronique.

EPROM   **Electrically Programmable Read Only Memory**, *électr.* mémoire morte programmable électriquement.

ETA   **Estimated Time of Arrival**, *admin.* heure d'arrivée estimée.

ETD   **Estimated Time of Departure**, *admin.* heure de départ prévue.

EU   **European Union**, *admin.* Union européenne (EU).

EXEC   **Executable Code**, *inform.* forme exécutable d'un programme (code binaire).

FAX   **Facsimile**, *télécom.* télécopie.

FCC   **Federal Communication Commission**, *admin.* administration américaine régissant les télécommunications.

FDC   **Floppy Disk Controller**, *inform.* lecteur de disque souple.

FDDI   **Fiber-Distributed Data Interface**, *inform.* réseau d'entreprise normalisé sur fibre optique.

FIFO   **First-In First-Out**, *électr.* registre mémoire série « premier-entré premier-sorti ».

FLD   **Field**, *inform.* champ ou rubrique de base de données.

FLOP   **FLoating point OPeration (MFLOP)**, *inform.* nombre d'opérations en virgule flottante par seconde (MFLOP).

FOV   **Field Of View**, *inform.* champ de prise de vue, pour capteur optique.

FPM, FPS   **Feet Per Minute, Feet Per Second**, *inform.* unité de vitesse de défilement (bande magnétique).

FPU   **Floating Point Unit**, *inform.* unité de calcul en virgule flottante.

FSK   **Frequency Shift Keying**, *télécom.* codage binaire par décalage de fréquence.

FTP   **File Transfer Protocol**, *inform.* norme de transfert de fichiers.

FCS   **Federal Communication System**, *télécom.* réseau d'informations fédéral américain.

GCD   **Greatest Common Divisor**, *inform.* plus grand commun diviseur (PGCD).

GCT   **Greenwich Civil Time**, *télécom.* heure du méridien de Greenwhich.

GDS   **Graphic Data System**, *télécom.* réseau d'informations graphiques.

GIS   **Geographical Information System**, *inform.* réseau d'informations géographiques (satellitaires).

GMT   **Greenwich Mean Time**, *inform*. heure de référence du méridien de Greenwhich (temps GMT).

GPIB   **General Purpose Interface Bus**, *électr*. bus normalisé d'interconnexion d'équipements numériques.

GUI   **Graphical User Interface**, *inform*. mode d'accès graphique-souris.

HD   **High Density**, *électr*. haute densité (sur support magnétique).

HDTV   **High Definition TeleVision**, *électr*. télévision à haute définition (TVHD).

HDX   **Half Duplex**, *télécom*. communication alternée.

HF   **High Frequency**, *électr*. haute fréquence.

HSI   **Human-System Interface**, *électr*. Interface Homme-Machine (IHM).

HT   **Horizontal Tabulation**, *électr*. tabulation horizontale.

IEEE   **Institute of Electrical and Electronics Engineers**, *admin*. société savante américaine.

INIT   **Initialisation module**, *inform*. module logiciel activé au démarrage de l'ordinateur.

INTERNET   **Interconnexion of Networks**, *télécom*. « réseau des réseaux », à l'échelle mondiale.

IN   **Intelligent Network**, *télécom*. réseau téléphonique automatisé.

IPS   **Inch per second**, *inform*. mesure de vitesse de défilement (»2,54 cm/s).

IPS   **Instructions per second (MIPS)**, *inform*. mesure de vitesse de processeur en nombre d'instructions par seconde.

IP   **Internet Protocol**, *télécom*. protocole normalisé d'interconnexion d'ordinateurs même différents.

IRIG   **Inter Range Instrumentation Group**, *admin*. organisme international de normalisation.

ISDN   **Integrated Service Digital Network**, *télécom*. réseau numérique à intégration de services (RNIS).

ISBN   **International Standard Book Number**, *admin.* standard international de repérage des livres.

ISO   **International Standard Organisation**, *admin.* organisme international de normalisation.

JCL   **Job Control Language**, *inform.* langage de contrôle de travaux par lots.

JPEG   **Joint Photographers Expert Group**, *inform.* norme de compression d'images.

LAN   **Local Area Network**, *télécom.* réseau local d'entreprise.

LCD   **Liquid Cristal Display**, *électr.* écran à cristaux liquides.

LED   **Light Emitting Diode**, *électr.* diode électroluminescente.

LUT   **LookUp Table**, *inform.* table de transcodage (une valeur pour chaque valeur d'entrée).

MNIC   **Monolithic Microwave Integrated Circuit**, *électr.* circuit intégré pour ondes millimétriques.

MOS   **Metal Oxyde Semiconductor**, *électr.* technologie de transistor à haute impédance.

MPEG   **Motion Pictures Expert Group**, *télécom.* standard de compression d'images (avec dégradation).

MTBF   **Mean Time Between Failure**, *électr.* durée moyenne entre pannes successives (statistique).

NMS   **Network Management System**, *télécom.* système de contrôle de réseau téléphonique.

NTSC   **National Television Systems Committee**, *électr.* standard de télévision américain et japonais.

OCR   **Optical Character Recognition**, *inform.* reconnaissance automatique de caractères.

OEM   **Original Equipment Manufacturer**, *électr.* équipementier.

OHP   **OverHead Projector**, *inform.* rétro-projecteur de transparents.

OHT   **OverHead Transparency**, *inform.* transparents pour rétro-projecteur.

P-P   **Peak to Peak**, *électr.* crête à crête.

PABX   **Private Automatic Branch eXchange**, *télécom.* autocommutateur téléphonique privé.

PAL   **Phase Alternation Line**, *électr.* système de télévision européen.

PAX   **Private Automatic eXchange**, *télécom.* central téléphonique privé.

PBX   **Private Branch eXchange**, *télécom.* standard téléphonique privé.

PC   **Personal Computer**, *inform.* ordinateur personnel.

PCM   **Pulse Code Modulation**, *télécom.* modulation par impulsions codées.

PERT   **Program Evaluation and Review Technique**, *inform.* méthode informatisable de gestion de projet.

PIC   **Personal Identification Code**, *inform.* code d'identification personnel.

PIN   **Personal Identification Number**, *inform.* numéro d'identification (code) personnel.

PIXEL   **PICTure ELement**, *électr.* point élémentaire d'image (PEL).

PLL   **Phase Lock Loop**, *électr.* boucle à asservissement de phase.

PPP   **Point to Point Protocol**, *télécom.* protocole de liaison série ou téléphonique.

PSDN   **Packet-Switched Data Network**, *télécom.* réseau à commutation de paquets.

PSTN   **Public Switched-Telephone Network**, *télécom.* réseau téléphonique commuté (RTC).

PWM   **Pulse Width Modulation**, *électr.* modulation de largeur d'impulsions.

RD   **Receive Data**, *télécom.* fil de réception de données sur ligne série.

RGB   **Red Green Blue**, *électr.* standard de codage électrique des couleurs (dit additif).

RISC   **Reduced Information Set Computer**, *inform.* processeur à jeu d'instructions réduit ($\neq$ CISC).

SCSI   **Small Computer System Interface**, *inform.* bus standard d'interconnexion de périphériques et d'ordinateurs.

SIM   **Subscriber Identification Module**, *télécom.* carte à puce pour téléphone mobile.

SLIP   **Serial Line Internet Protocol**, *télécom.* protocole de liaison série ou téléphonique.

SMC   **Surface Mounted Component**, *électr.* composant monté en surface (CMS).

SNMP   **Simple Network Management Protocol**, *télécom.* protocole d'échange de messsages (Internet).

SQL   **Sequential Query Langage**, *inform.* langage normalisé d'interrogation de bases de données.

SRAM   **Static Random Access Memory**, *électr.* mémoire vive statique.

SSB   **Single Side Band**, *télécom.* bande latérale unique (BLU).

SVGA   **Super Video Graphics Adaptor (PC)**, *inform.* carte graphique pour ordinateur personnel.

SYLK   **SYmbolic LinK format**, *inform.* format d'échange de données de tableurs.

TCP/IP   **Transmission Control Protocol/Internet Protocol**, *télécom.* protocole d'interconnexion Internet.

TD   **Transmit Data**, *télécom.* fil d'émission de données sur ligne série.

TOEFL   **Test Of English as a Foreign Language**, *admin.* examen officiel d'anglais.

UTC   **Universal (Coordinated) Time**, *télécom.* temps universel (TU).

VCR   **Video Cassette Recorder**, *élec.* magnétoscope.

VDT   **Video display terminal**, *inform.* console video.

VGA   **Video Graphics Adaptor (PC)**, *inform.* carte graphique pour ordinateur personnel.

VIP   **Very Important Person**, *admin.* personnalité de marque.

VLSI   **Very Large Scale Integration**, *électr.* circuit intégré à très haute densité.

VME Virtual Machine Environment, *électr.* standard d'interconnexion de cartes électroniques (VME).

VMOS V-shaped MOS, *électr.* transistor à effet de champs (VMOS).

VPN Virtual Private Network, *télécom.* numérotation personnalisée.

WAN Wide Area Network, *télécom.* réseau de communication étendu.

WORM Write Once Read Many, *inform.* archivage non effaçable sur disque compact.

WYSIWYG What You See Is What You Get, *inform.* système graphique où l'impression est identique à la visualisation.

X-on X-off Transmit On transmit Off, *télécom.* protocole de transmission série sans fils de service.

XMIT Transmit, *télécom.* indique l'émetteur.

ZFB Signal Fading Badly, *télécom.* condition d'atténuation néfaste.

ZIF Zero Insertion Force, *électr.* support à force d'insertion nulle.

2½ flat, studio (immobilier) 44

24 hours service, permanence 41

3½ flat, appartement 2 pièces 35

3D modelling program, modeleur 3D 69, 92

3D-view, vue 3D 74

abort (to), abandonner 10 ; annuler 11

abroad, étranger (à l'—) 11, 38

absorbent carbon, charbon actif 100

absorbing media, milieu absorbant 107

abutment, butée mécanique 100

accelerator board, carte accélératrice 100

accent, accent 10, 62

accented character, caractère accentué 64

acceptance test, admission (test d'—) 83 ; recette (test de —) 43

access mode, mode d'accès 69

access time, temps d'accès 113

accessory, accessoire 10

accomodation, logement 18

account (on —), acompte 10, 35, 51

account receivable, créance 53

accounting department, comptabilité (service de la —) 36

accounting entry, écriture comptable 37, 53

accounting procedure, imputation 40

accounting software package, logiciel de comptabilité 40, 106

accrued interest, intérêts acquis 54 ; intérêts courus 54

accuracy, précision 21, 109

achieve (to), accomplir 10

acknowledgement, accusé de réception 35, 62

acknowledge receipt (to), accuser réception 35, 62

acorn-nut, écrou borgne 104

acoustic, acoustique (adj) 10, 98

acoustics, acoustique (nom) 10, 98

acoustic treatment, insonorisation 40

acquisition, saisie 23

acquisition time, temps d'acquisition 113

act of God, cas de force majeure 54 ; force majeure (cas de —) 39

activate (to), activer 10, 62

activate keyboard menus (to), activer les menus claviers 62

active cell, cellule active 90

active component, composant actif 102

active high, actif haut (niveau logique) 98

active low, actif bas (niveau logique) 98

active video area, zone d'affichage 26, 74, 115

actuate (to), déclencher 103

actuation, déclenchement 103

actuator, actionneur 98

adapter (GB), adaptateur 98

adaptor (US), adaptateur 98

add in (to), inclure 17, 40

add on device, accessoire extérieur 98

add to menu (to), ajouter au menu 98

add-in, extension 105

add-in board, carte d'extension 100

addition, addition 10, 90

additional benefits, avantages complémentaires 51

additional clause, avenant (— au contrat) 51

additional payment, supplément 56

address, adresse 10, 62

address-book, carnet d'adresses 12

addressee, destinataire 14, 66

addressing capacity, capacité d'adressage 100

adhesive, collant 13 ; colle 13

adhesive (tape), adhésif (ruban) 10, 98

adhesive tape, ruban adhésif 23, 111

adjourn (to — the meeting), lever (la séance) 40

adjustable, réglable 22

adjustable balance, capital restant 52

adjustable spanner, clé à molette 101

adjusting screw, vis de réglage 115

adjusting washer, rondelle de réglage 111

adjustment (to go out of —), se dérégler 112

administrator, administrateur 83

adorn (to), enjoliver 66

advance information, pré-annonce 72

advertise (to), faire de la publicité 67

aerial, antenne (radio) 98

affidavit, déclaration sous serment 53

affiliates, participations 55

after hours, hors des heures de bureau 38, 39, 84

after-glow, rémanence 110

after-sales service, service après-vente 44, 112

age bracket, fourchette d'âges 16

age hardening, vieillissement artificiel 114

agreement, acceptation 10 ; convention 52

air admission, admission d'air 98

air baffle, déflecteur d'air 103

air conditioned, climatisé 101

air cooled, refroidissement par air 110

air gap, entrefer 104

air tight, étanche à l'air 104

airline partner, aérotransporteur partenaire 10

airmail (by), avion (courrier par —) 11 ; poste aérienne (par) 21

airplane, avion 11

airport tax, taxe d'aéroport 44

airtime, temps d'antenne 73

alarm, alerte 10, 98

alarm display, message d'alerte 18, 107

alcohol level, taux d'alcoolémie 56

alignement, alignement 62

alkalin battery, pile alcaline 109

all caps, tout en majuscules 73

all-inclusive policy, assurance tous risques 51

all-night service, service de nuit 44

all-purpose, universel 114

Allen wrench, clé Allen (hexagonale) 101

alligator clip, pince crocodile 109

allocation, dotation 53

allocation for the year, dotation de l'exercice 53

allowance, allocation 51

alphanumeric keyboard, clavier alphanumérique 101

alternating current (AC), courant alternatif 102

altitude (operating —), altitude d'utilisation 98

ambient temperature, température ambiante 113

ambulance, ambulance 35, 83

amount carried forward, report à nouveau 43

annotation, annotation 62

annual, annuel 11

annual report, rapport annuel 43

annuity, annuelle (rente —) 51

answer book, exercices corrigés 91

answer phone, répondeur téléphonique 22, 72

answering machine (US), répondeur téléphonique 22, 72

apex, sommet (d'une courbe) 73

apologize (to), faire ses excuses 16

appetizer, hors d'œuvre 17

applicant, candidat 83

application (software), application (logiciel d'—) 98

application form, bulletin d'inscription 63

apply (to), faire acte de candidature 84

appoint (to), engager 84 ; nommer 41, 85

appointment, rendez-vous 22

appreciation, plus-value 55

approval, qualification 110

approved, agréé (selon règlements) 98

area, surface 24, 93

area code, indicatif de zone 17, 68

argument, argument de formule 90

armchair, fauteuil 16

arrival day, jour d'arrivée 17

arrow key(s), touches de direction 24

arrow pointer, flèche lumineuse 16, 67

articles of association, statuts 56

ascending order sorting, tri croissant 25, 74, 93

ASCII file, fichier ASCII 67

ASCII-string, chaîne de caractères ASCII 64, 100

assembly, assemblage 99 ; montage 108

assembly line, chaîne de montage 36

assess (to), évaluer 53

asset, atout 35, 90

assets, actif comptable 35, 51

assign to key (to), associer à la touche 99

assistant, adjoint 83

assistant general manager, directeur général adjoint 37

asterisk, astérisque 11, 63

at once, sans retard 23, 44

at random, au hasard 17

AT-sign (@), arrobace 10

atomiser (GB), vaporisateur 114

atomizer (US), vaporisateur 114

attached document, document joint 14

attached nut, écrou imperdable 104

attend (to), assister à 90

attendance sheet, feuille de présence 38

attenuation (path —), atténuation (de propagation) 99

attributE, attribut 63

author, auteur 63 ; écrivain 66

authoring package, logiciel « auteur » 63

authorized agent, mandataire 40

authorized dealers, distributeur 103 ; distributeur agréé 37

authorized signature, signature autorisée 44, 56

automatic, automatique 11

automatic gain control, contrôle automatique de gain 102

automatic teller (GB), guichet automatique de banque 54

automatic telling machine (US)/ teller (GB), guichet automatique de banque 54

availability, disponibilité 37, 103

available space, espace disponible 104

award, prix (récompense) 72

aware of (to be), conscient de (être —) 13

axis, ligne des axes 92

back of the monitor, arrière du moniteur 99

back panel, panneau arrière 109

back space, espace-arrière 15, 66

back-door password, mot de passe de secours 108

background, arrière-plan 62, 90

backdated, rétroactif 23, 56

background, expérience (formation) 84 ; fond graphique 91

backspace, retour-arrière 23, 72

backup, archive (informatique) 11, 98 ; sauvegarde 111

backward sorting, tri décroissant 25, 74, 93

balance sheet, bilan 35, 52

balance weight, masse d'équilibrage 107

ball, bille 99

ball-bearing, roulement à billes 111

ball-joint, rotule 111

band, ruban 111

bank charges, agios (frais d'—) 51

banknote, billet de banque 52

bankruptcy, faillite 38, 53

bar code, code à barres 101

bargaining, marchandage 41

base station, station fixe (télécom) 112

batch production, production par lots 110

battery, pile 109

baud rate, vitesse de transmission 115

bearing, palier 108

beginner's handbook, manuel d'initiation 40, 69

bell (door —), sonnerie (porte) 23

belt, courroie 102

belt-driven, entraînement à courroie 104

bench, établi 104

benefit, bénéfice (non commercial) 35

beta release, version d'essai bêta 114

bevel-headed screw, vis à tête fraisée 115

bi-annual, biannuel 11

biennial, biennal 12

bill, facture 38 ; note (d'hotel) 41, 85

bill (US), billet de banque 52

bill of exchange, lettre de change 54

billing procedure, facturation 38

binary file of program, version binaire du logiciel 114

binder, classeur (chemise) 36, 64

binding screw, vis de serrage 115

birth certificate, extrait d'acte de naissance 84

bitmap graphic, dessin par point 14, 66

blank sheet, feuille blanche 67

blanket, couverture 83

block diagram, schéma fonctionnel 111

blood test, analyse de sang 83

blotting paper, papier buvard 20

Board of Directors, Conseil d'Administration 36

body (of the letter), corps (de la lettre) 65

bold, caractère gras 12, 64 ; gras 17, 67

bomb, bombe (message d'alerte) 12, 99

bond, obligation 55 ; titre valeur boursière 56

bonded warehouse, entrepôt sous douane 38, 53

bonus, gratification 54 ; prime 21, 86

book a seat (to), réserver une place 22

book-keeping, comptabilité 52

bookcase, bibliothèque (meuble) 11

boost (to give a —), faire du battage 63

booster, accélérateur 98

booth, stand 73

border, bordure 63

boss, patron (familier) 85

bounce, rebondissement (contact électrique) 110

brace, accolade 10, 62

brakets, parenthèse 71

branch, succursale 44

brazing, brasage 99

breadboard, maquette (électronique) 107 ; plaque d'essai (électronique) 109

break into (to), pénétrer (un marché) 41

break-even point, seuil de rentabilité 56

breakdown, panne (de machine) 109

breakdown (to), ventiler 25, 37, 57

breathalyser test, alcootest 10, 83

brief (to), mettre au courant 85

bright light, reflet (brillant) 110

brightness, luminosité 107

bring forward (to), avancer (l'heure) 11

broker, agent immobilier 35 ; courtier (en bourse) 52

bubble wrap, papier à bulle 41

budget, budget 52

buffer battery, batterie tampon 99

bug, défaut de logiciel 14, 103

built-in, incorporé 106

bulletin board, panneau d'affichage 41

bundle, ensemble (de produits) 37, 104

burglary, cambriolage 52

burn-in, déverminage (composant électronique) 103

business (small), entreprise (petite) 38

business acumen, sens des affaires 44, 86

business circles, milieux d'affaires 41

business day, jour ouvrable 40

business meal, repas d'affaires 22, 43

business trip, voyage d'affaires 26, 45

businessman, homme d'affaires 40

businesswoman, femme d'affaires 38

busy (US), occupé (téléphone) 19, 70

busy line (US), ligne occupée 18, 69, 106

butt screw, vis de butée 115

button, bouton 12

button-head screw, vis à tête goutte de suif 115

buzzer, vibreur 25, 114

by day, de jour 14

by default, par défaut 20

by night, de nuit 14

C-clamp, serre-joint 112

cable gland, serre-câble 111

cable television, télévision par câble 73, 113

cabling, connectique 102

cache memory, mémoire cache 107

cafeteria, restaurant d'entreprise 43

calculate (to), calculer 63, 90

caliber, envergure 38, 84

calibration, étalonnage 104

caliper, pied à coulisse 109

call, appel 11, 62

call (to) (US), téléphoner 24

call back (to), rappeler (par téléphone) 22

call forwarding, transfert d'appel (téléphone) 24, 74

call signal, signal d'appel 112

call transfer, transfert d'appel (téléphone) 24

call waiting, signal d'appel (téléphone) 23, 73

call waiting signal, indication d'appel (téléphone) 17, 68, 106

called person, correspondant (téléphone) 13

caller, demandeur (au téléphone) 66

cam, came 100

camshaft, arbre à cames 98

cancel (to), annuler 11

cancel a selection (to), annuler une sélection 11

cancellation charges, frais d'annulation 39

cap, bouchon 99 ; capuchon 100

capacity, capacité 100

capital expenditure, dépenses d'investissement 37, 53

capital goods, biens d'investissement 52

capital loss, moins value 55

capital market, marché financier 54

capstan, cabestan 100

captive screw, vis imperdable 115

carbon paper, papier carbone 20

card, fiche (carton) 16, 67

carriage forward, port dû (en) 42

carriage paid, port payé (en) 42

carriage return (CR), retour-chariot 23

carrier, transporteur 44

carry out an order (to), exécuter une commande 38

carry out orders to the letter (to), exécuter les ordre à la lettre 84

case, boitier 99 ; case 19

cash, au comptant 35, 51 ; liquidités 54 ; numéraire 55

cash flow, marge brute d'autofinancement 41

cash on delivery (COD), contre remboursement 36 ; paiement à la livraison 41

cash with order, paiement à la commande 41

casing, enveloppe métallique 38, 104

casting, moulage 108

castle nut, écrou cannelé 104

catalogue, catalogue 36

cathode ray tube (CRT), tube cathodique 114

celebration, célébration 64

cell, cellule de tableau 12

cell border, encadrement des cellules 66

cells border, encadrement des cellules 91

cellular telephone network, téléphone cellulaire 73

centered, centré 12, 64

central processor unit (CPU), unité centrale 114

certified (true) copy, copie certifiée conforme 52

certified public accountant (CPA), expert comptable 53, 84

chair (to) (a meeting), présider (une réunion) 72

chairman, président (de compagnie) 42 ; président (de société) 85

Chairman and Managing Director (GB), président-directeur général 42

Chairman of the Board, Président du Conseil d'Administration 42, 85

chairperson, président 85

change (to), changer 12 ; modifier 70

change style (to), changer le style 100

change the fonts (to), changer le jeu de caractères 12, 64

changeover contact, contact inverseur 102

channel, canal 100

channel selector, sélecteur de canaux 112

chapter, chapitre (de livre) 64

character, personnalité morale 55

character format, style de caractère 73, 112

charge for safe custody, droit de garde 53

charges, frais 54

chart, graphe 17, 90 ; tableau 24, 73

chart zone, zone de traçage 74

charting software, grapheur 67, 91

check (to), vérifier 25

check (to) (US), cocher 13

check list, marche à suivre 107

check-in station, station retour (voiture) 44

check-nut, contre-écrou 102

checking account, compte-chèque 52

checkroom ticket (US), bulletin de consigne 12

checksum, somme de contrôle 112

cheese-head-scew, vis à tête cylindrique 115

chief executive, dirigeant d'entreprise 37

chip, puce (électronique) 110

chip bonding, couches minces (circuits électroniques) 102

chip conditionning, conditionnement des circuits 102

chisel-mark, trait gravé 114

Christian name, prénom 85

circlip, jonc d'arrêt 106

civil servant, fonctionnaire 39, 84

claim, réclamation 22 ; revendication 56, 86

claims department, service des sinistres 56

clamp (to), bloquer 99

clamping collar, collier de fixation 101

clean room, salle blanche 111

clear (to), annuler (mettre à zéro) 62, 90

clearance, habilitation 54, 84

cleared (to be — in), compensable à (chèque) 52

clerical staff, secrétariat 23, 44, 86

clerical work, travail de bureau 25

click (to), cliquer 13

click twice (to), cliquer deux fois 13

client-server, client-serveur 101

client-server architecture, mode client-serveur 107

clip, cosse (de fil) 102

clip-board, presse-papier 21

clock in (to), pointer à l'entrée 42

clock out (to), pointer à la sortie 42

close (to), fermer 16

close box, case de fermeture 12, 64

closing brace, accolade droite 10, 62

closing parenthesis, parenthèse droite 71

clutch, embrayage 104

coaxial cable, câble coaxial 100

code of conduct, déontologie 66

cog-belt, courroie crantée 102

cog-wheel, roue dentée 111

coin-operated, pièces (à —) 42

coins, pièces de monnaie 20

collapsible keyboard, clavier rabattable 101

colleague, collègue 83

collect (to call —) (US), PCV (téléphone) 20, 71

collect (to), passer prendre 20 ; prendre en voiture 21

collect data (to), rassembler (renseignements) 92

collection, recouvrement (de paiements) 56

collision damage waiver (CDW), rachat de franchise dommages 55

colour, couleur 13, 65

colour palette, palette de couleur 20

column title, tête de colonne 24

come off patent (to), domaine public (tomber dans le —) 53

comma (,), virgule 25

commensurate with, proportionné à 43, 86

commission, commande à un artiste 64

communication, communication 64

communication network, réseau de communication 110

community antenna, antenne collective 98

company, entreprise 38

company car, voiture de fonction 25, 86

company doctor, médecin du travail 41, 85

company name, raison sociale 43, 72

comparison, comparaison 90

compatibility, compatibilité 101

compensation factor, facteur de correction 105

competitor, concurrent 36

compile time (at), compilation (en cours de —) 101

complementary driver, conducteur supplémentaire 36

compliance certificate, certificat de conformité 100

compliance with legal demands, conformité aux normes légales 36 ; normes (conformité aux —) 108

complimentary ending, formule de politesse 16 ; politesse (formule de —) 21

composite synchronization, synchronisation composite 112

compound interest, intérêts composés 54

computation, calcul 90

computation(s), calculs 63

computer assisted manufacturing (CAM), fabrication assistée par ordinateur (FAO) 38

computer integrated manufacturing, productique 43, 92

computer science, informatique 17, 91

computerisation, informatisation 106

concern, entreprise 38

cone-point screw, vis pointeau 115

connect time, temps de connexion 113

connecting flight, correspondance (avion) 65

connecting rod, bielle 99

connection software, communication (logiciel de) 64

consignment note, lettre de voiture 40

console, console 102 ; pupitre 110

container, récipient 110 ; réservoir 111

contingencies, risques divers 56

continuing education, formation continue 84

contour, contour (encadrement graphique) 65

contract, contrat 36

contract (by —), contractuellement 36

contrast, contraste 102

contribute (to), cotiser 52

control board, tableau de commande 113

control panel, tableau de bord 113

convection (cooling by —), refroidissement par convection 102

convening terms (by the), termes définis (selon les —) 44

cooling vents, ventilation 114

copy (to), copier 13, 65

copy as picture (to), copier en graphique 13, 65

copy formats (to), copier les formats 13, 65

copy text (to), copier le texte 13, 65

cordless phone, téléphone sans fil 113

cordless terminal, terminal sans fil 113

corporation, société anonyme (SA) 44

corrugated, ondulé (tôle –e) 108

cost, prix de revient 42

cost of living, coût de la vie 53

cost price, prix coûtant 42

cotter pin, goupille fendue 105

cotterpin, clavette 100

counter, guichet (comptoir) 39

counterbalance, contrepoids 102

countersunk screw, vis à tête fraisée 115

countersunk washer, rondelle fraisée 111

country code, indicatif du pays 17, 68, 106

coupling, accouplement 98

coupon bond, obligation à coupons 55

cover plate, cache 100

coverage (insurance), couverture (assurance) 53

craddle, support 112

craftsman, artisan 35, 62

crank, manivelle 107

crate, caisse à claire-voie 35, 100

create (to), créer 13

creation, création 83

credit card, carte bancaire 12 ; carte de crédit 52

crimp (to), sertir (un connecteur) 112

crimping tool, outil à sertir 108, 109

cross a cheque (to), barrer un chèque 51

cross compiler, compilateur croisé 101

cross-piece, entretoise 104

cross-thread (to), foirer (un filetage) 105

cup washer, rondelle hémisphérique 111

currency, devises 55

current loop, boucle de courant 99

cursor, curseur 14, 65 ; pointeur 21

cushion, coussinet élastique 102

custom format, format personnalisé 67

custom-built, hors série 106

customer card, fiche-client 38

customization, personnalisation 20

customs, douane 53

cut (to), couper 13, 65

cut off (to), couper une communication 13

cyclic redundancy check (CRC), contrôle cyclique par redondance 102

cypher (to), crypter 102

daily, journalier 17 ; quotidien 22

damage (sing.), dégats 53

damages, dommages et intérêts 53

damp lint-free cloth, linge humide non pelucheux 106

damper, amortisseur 98 ; insonorisant 106

dark border, bordure sombre 63

dash (–), tiret 24

dash-pot, amortisseur à air 98

data, données 14, 91

data center, infocentre 68, 91, 106

data collection, collecte de données 101

data flow, flot de données 105

data processing, information (traitement de l'—) 17, 91

data set-up, présentation des données 72, 92

data sheet, feuille de données 91

data transfer, transfert de données 114

database, base de données 63, 90

date, date 14, 65

date and place of birth, date et lieu de naissance 83

date forward (to), post-dater 42

day care center, crèche 37

day shift, équipe de jour 38

dead center (US), point mort 109

dead hours, heures creuses 106

deadline, délai (échéance) 37

debugging, déverminage (de logiciel) 103

decade, décennie 14

decennial, décennal 14

decennium, décade 14

decibel, décibel 103

decimal point, virgule décimale 25, 93

deckle-edged paper, papier à bord déchiqueté 20, 71

declutch (to), débrayer 103

dedicated conference, conférence spécialisée 65

dedicated machine, dédié 103

deductible, franchise (d'assurance) 54

deed (of property), titre (de propriété) 56

default, défaut (par —) 14

defense of one's thesis, soutenance de thèse 93

definite, catégorique 36, 64

degauss button, bouton de démagnétisation 99

delegates, participants 71, 92

delete (to), supprimer 24

delete forward (to), effacer le caractère suivant 15, 66 ; supprimer devant 73

delete next word (to), supprimer le mot suivant 73

delete previous word (to), supprimer le mot précédent 73

delimiter, séparateur 72

delivery, livraison 40

delivery notice, avis de livraison 35

demodulator, démodulateur 103

demultiplexer, démultiplexeur 103

department, service 56

departure day, jour de départ 17

dependability, fiabilité 105

deposit, arrhes 51 ; dépôt (en banque) 53 ; versement 57

depreciation, amortissement financier 35, 51

descending order sorting, tri décroissant 25, 74, 93

desktop, bureau (symbolique sur écran) 63, 90

devaluation, dévaluation 53

development system, système de développement 113

diagnosis, diagnostic 14, 103

diagonally, en diagonale 91

dial, cadran 35, 100

dial a number (to), composer un numéro 13, 64

dial gauge, comparateur (à cadran) 101

dialling tone, tonalité 24

dialog box, boîte de dialogue 63

diary, agenda 10 ; carnet de rendez-vous 12, 64

dictionary, dictionnaire 14, 66

difference, différence (écart) 14, 91

digit, chiffre 12, 64

diode, diode 103

dip soldering, soudure par trempage 112

direct drive, couplage direct 102 ; entraînement direct 104

direct sunlight (in —), exposé au soleil 105

directions for use, mode d'emploi 19, 107

directory, annuaire 10, 62 ; répertoire 22

disassembly, démontage 103

disconnect (to), débrancher 14, 103

discount, rabais 43

discount prices, prix en promotion 42

dispatch (to), expédier 38

dispenser, distributeur (appareil —) 103

display, affichage 10, 62 ; exposition 67

display (to), visualiser 25, 74

display field, capacité de visualisation 63, 100

distribution list, liste de distribution 69

distribution network, réseau de distribution 110

division, graduation 17, 91

division head, directeur 37

doctor (MD), médecin 41, 85

documentation, documentation 37, 103

domed washer, rondelle bombée 111

dots, points de suspension 21, 71

dotted line, ligne pointillée 18, 69

dotted underline, souligné pointillés 73

double bed, lit double 18

double click, double clic 15

double density, double densité 103

double line, trait dédoublé 24, 73

double room, chambre pour deux personnes 12

double sided, double face 103

double underline, double souligné 66

double-line spacing, double interligne 66

downsizing, réduction de personnel 86

draft, avant-projet 11, 63 ; brouillon 63

draft (to), jeter les grandes lignes de 68

drag (to), faire glisser 16 ; glisser (faire —) 17

drag and drop (to), faire glisser-déposer 16 ; glisser-déposer 17

draw lots (to), tirer au sort 24

draw up (to), rédiger 72

drawer, tiroir 24

drawing (vectorised), dessin vectorisé 90

drawing (vectorized), dessin vectorisé 66

drawing software, logiciel de dessin 69, 92

drawing tool, outil de dessin 70, 92

drive-belt, courroie d'entraînement 102

driving license, permis de conduire 20

drop in value, moins value 55

due (to fall —), échéance (venir à —) 53

due date, date d'échéance 53

duplicate (to), dupliquer 15, 103

duplication, copie (duplicata) 13

duty (duties), devoir(s) 83

e-mail address, adresse électronique 10, 62

earnings per share, bénéfice par action 52

earnings report, compte de pertes et profits 52

earphone, écouteur 104

earth (GB), masse (électrique) 107 ; terre 113

editing box, zone de saisie 26, 115

edition, édition 66

education, éducation 91

education and University background, éducation et études universitaires 91

educational concern, souci pédagogique 93

electromagnetic immunity (EMI), compatibilité électromagnétique 101

electronic device, dispositif électronique 103

electronic mail (e-mail), courrier électronique 13, 65 ; messagerie électronique 18, 69

electronic note book, ordinateur portable 108

electronic organizer, agenda électronique 10

electronic transfert, mandat télégraphique 54

emergency exit, issue de secours 40, 85

emergency room, salle des urgences 23, 44

emergency services, police-secours 42, 85

emergency stop, arrêt d'urgence 11, 98

employee, employé 84 ; salarié 44, 86

employer, employeur 84

emulator, émulateur 104

enclose (to), joindre à une lettre 17

enclosure, pièce jointe 20

encryption, cryptage 102 ; encodage 104

end effector, porte outils (de robot0 109

end of document, fin du document 16, 67

end of line, fin de la ligne 16, 67

end-of-term report, bulletin trimestriel 63

endorsable, endossable 53

endorse (to), endosser 53

engaged (GB), occupé (téléphone) 19, 70

engaged line (GB), ligne occupée 18, 69, 106

engineering, ingénierie 40

enhance (to), enjoliver 66 ; mettre en forme 69, 107

enter (to), entrer 15

entry form, bulletin-réponse 63

envelope, enveloppe 15

equipotential, équipotentielle 104

erase (to), effacer 15

escape key (ESC), touche ECHAPPEMENT 24

escrow account, compte bloqué 52

estate, patrimoine 55

estimate, devis 37

etiquette, code de bonne conduite 64

even (number), pair (nombre) 20

even number, nombre pair 19

examination (exam), examen 91

examination mark, note d'examen 70

example, exemple 16

exception, exception 15

exchange, central (téléphonique) 64

exchange rate, taux de change 56

exclusive distributor, distributeur exclusif 37

executable file, module exécutable (ordinateur) 107

executive, cadre (personnel) 83

executive secretary (US), secrétaire de direction 44, 86

exhibition (international —), salon (international) 72

existing core, cœur existant 101

expect (to), s'attendre à 11

expense account, note de frais 41, 85

expenses, frais 16, 54

experienced in, expérimenté en 84

expiration date, expiry date, date d'expiration 53

export manager, directeur des exportations 37

extended keyboard, clavier étendu 101

extension, poste (téléphonique) 42, 85

external component, composant extérieur 102

extract (to), extraire 16

facility management, infogérance 106

facing pages, pages face à face 71

factoring, affacturage 35

factory, usine 45

factory adjusted, réglé en usine 110

factory price, prix de fabrique 42

fanfold paper, papier en continu 109

fare, prix (de billet) 21

fast food, restauration rapide 22, 43

favor, service 23

favour, faveur 16, 67

fax, télécopie 24

feed form (FF), saut de page 23, 72

field, champ 64

field (in the), terrain (sur le —) 24

file, fichier 16

file management, gestion de fichiers 105

file manager, gestionnaire de fichiers 105

file serveur, serveur de fichiers 73, 112

file transfer, transfert de fichiers 114

file-finding, recherche de fichier 92

filing, fichage 16

filing cabinet, classeur (meuble) 36, 64

fill in (to), remplir 22

filter, filtre 105

financial highlights, panorama de l'exercice 41, 55

financial statement, comptes financiers 52

financial status, situation financière 56

financial year, exercice financier 53

find (to), rechercher 22, 92

find again (to), rechercher encore 92

find formats, rechercher les formats 72

finger nut, écrou à oreilles 104

finger-screw, vis à oreilles 114

fire hasard, risque d'incendie 111

fireman, pompier 42, 55

firm, entreprise 38

first édition, première édition 72

first line indent, retrait de première ligne 72

first mortgage, hypothèque de 1er rang 54

first name (US), prénom 85

first time operation, mise en service 107

first-class, haut de gamme 67

first-rate, haut de gamme 67

fiscal year, exercice (comptable) 38

fix (to), réparer 110

fixed assets, immobilisations 40 ; investissements (bilan) 40, 54 ; valeurs immobilisées 57

fixed charges, frais fixes 39

fixed salary, fixe (salaire) 39, 84 ; salaire fixe 44, 86

flat spectral response, réponse spectrale plate 110

flat-head screw, vis à tête plate 115

flat-head srewdriver, tournevis à lame plate 113

flaw, défaut (anomalie) 14

flexible working hours (FWH), horaire variable 40, 54, 84

flexible-type coupling, manchon élastique 107

flextime (GB), horaire souple 40, 84

flight, vol (avion) 25, 57

flimsy (paper), papier pelure 20

flip-flop, bascule (électronique) 99

flipchart, chevalet (conférence) 64

floating assets, actif circulant 51 ; actif disponible 35

floating point computation, calcul en virgule flottante 63, 90

floating point format, notation scientifique 92

floating pad, palette flottante 20

floating point unit (FPU), unité à virgule flottante 114

floorplan, plan d'implantation (de circuits) 109

floppy disk, disque souple 14, 103 ; disquette 14

fluently, couramment 90

folder, classeur (chemise) 36, 64 ; dossier (chemise) 15

font, police (jeu de caractères) 21, 71

footer, pied de page 21, 71 ; définir un pied de page 66

footnote, note de bas de page 19, 70 ; ouvrir la fenêtre des notes 70

footnote reference, appel de note 62

forecast, prévision 42

foreground, avant-plan 63

foreign currency, devises 53

foreign securities, valeurs étrangères 57

foreign trade, commerce extérieur 36

foreword, préface 72

form, fiche (formulaire) 16, 67

form (printed —), formulaire (imprimé) 16, 105

form letter, lettre standard 18, 69

formal announcement, faire-part 16, 67

format, format 16, 67

format (to), mettre en forme (texte) 69, 107

formula, formule 16

formulae, formules (mathématiques, au pluriel) 16

fortnightly, bimensuel 12

forward, report 43, 56

forward (to), faire suivre 16 ; réacheminer 22

forward sorting, tri croissant 25, 74, 93

forward space, espace-avant 15, 66

foverheads (US), frais généraux 39

fragile, fragile 105

frame, armature 98 ; cadre (contour) 63

franking machine, machine à affranchir 18

free of charge, gratuit 17

free of payment, franco 39, 54

free running flip-flop, multivibrateur (électronique) 108

free space, espace libre 104

free-hand phone, téléphone mains-libres 24

French keyboard (AZERTY), clavier français 101

French overseas territories, DOM/TOM 14

frequency loss, atténuation en fréquence 99

frequency range, gamme de fréquence 105

frequent flyier program, programme de fidélisation aérien 22

friction washer, rondelle de frottement 111

fringe benefit, avantage supplémentaire 51

fringe benefits, avantages accessoires 51

front desk, réception (comptoir de —) 43

front loading, chargement frontal 100

front plate, panneau avant 109

front-end (computer), frontal (calculateur) 105

full fledge version, version haut de gamme 114

full stop, point (ponctuation) 21, 71

full time, à plein temps 55 ; plein temps 85

full-blown, complet (toutes options) 101

function key, touche de fonction 24

furniture, mobilier 19

further details, renseignements complémentaires 22

further education, formation continue 84

fuse protection, protection par fusible 110

G4 fax, télécopieur (groupe 4) 113

gate (main —), entrée principale 15

gateway, passerelle 71 ; passerelle (de communication) 109

gauge, indicateur (jauge) 106 ; jauge 106

gear-box, réducteur (de vitesse) 110

gearbox, boite à vitesses 99

general delivery (US), poste restante 21

general manager, directeur général 37

general shareholders' meeting, assemblée générale 51, 62

get the information (to), lire les informations 18

getting started, pour démarrer 21

gilt-edged, haute qualité 39

glossary, glossaire 67

go bankrupt (to), déposer le bilan 37, 53

go to (to), aller à 10

go to page… (to), atteindre page… 63

go unheeded (to), rester lettre morte 23

going price, prix actuel 42

graduate, diplômé 91

graduate studies, cycle universitaire 90

grant (to), accorder 51

graphic supercalculator, supercalculateur graphique 112

grateful, reconnaissant 22

grease (to), graisser 105

greeting, formule de salutation 16 ; salutation (formule de —) 23, 72

grid, graduation 91

gross, brut 35

gross domestic product, produit intérieur brut 55

gross income, revenu brut 56

gross national product, produit national brut 55

gross profit, bénéfice brut 52

ground (US), masse (électrique) 107 ; terre 113

grounding layout (US), neutres (schéma des —) 108

group poll, lignes groupées 69

growth rate, croissance (taux de —) 53

grub-screw, vis sans tête 115

guarantee, caution 52

guest, invité 17, 68

guided propagation, propagation guidée 110

guidelines, schéma directeur 44

H-stat misconvergence adjustment, convergence horizontale 102

hacksaw, scie à métaux 111

half-time, mi-temps (à —) 85

handbook, manuel (livre) 18, 69

handle, manche 107 ; poignée 21, 109

handling, manutention 107

handling charges, frais de manutention 39 ; manutention (frais de —) 41, 107

handout, prospectus 43, 72

handset, combiné (téléphonique) 13, 101

handwriting, écriture 66

hang up (to), raccrocher 22

hanging indent, retrait négatif 72

hard disk, disque dur 14, 103

harsh environment, environnement sévère 104

hazard, risque (assuré) 56

head a department (to), diriger un département 37

headed note-paper, papier à en-tête 20, 71

header, définir un en-tête 65

headquarters, siège social 44

heat pump, pompe à chaleur 109

heavy industry, industrie lourde 40

heavy-goods vehicle, poids lourd (véhicule) 42

height, altitude 90 ; hauteur 17

help, aide 10, 62

help (context sensitive), aide par désignation 98

hereby, par la présente 20

herewith, ci-joint 13

hex nut, écrou à tête héxagonale 104

hex wrench, clé Allen (hexagonale) 101 ; clé hexagonale 101

hex-head screw, vis à tête hexagonale 115

hex-string, chaîne de caractères hexadécimaux 64, 90, 100

HF probe, sonde HF 112

hidden text, texte caché 24, 73

hide ruler (to), masquer la règle 69, 92

high density, haute densité 106

high rate, haut débit 106

high temperatures, températures élevées 113

high vibration, vibration forte 114

hire (to), engager 84 ; louer 40, 85

hit, occurrence 92

hold on (to), ne pas quitter (téléphone) 19, 70

hole-cutter, emporte-pièce 104

holidays (to go on —), vacances (partir en —) 25

holography, holographie 67, 91

home phone number, téléphone domicile 24

home sales force, force de vente nationale 39

hose adaptor, raccord de tuyau souple 110

host computer, machine hôte 107 ; ordinateur hôte 108

hot line, assistance téléphonique 11, 99

housing estate, lotissement (habitations) 40

HT probe, sonde HT 112

human factor, facteur humain 84, 105

human resources, ressources humaines 86

humidity (operating —), taux d'humidité (en fonctionnement) 113

hybrid circuit, circuit hybride (électr) 100

hyphen, trait d'union 24

hyphenation, césure 12, 64

icon, icône 17

identification card, carte d'identité 12

identification sheet, fiche signalétique 38

idle mode, veille 114

image grabber, capture d'image (logiciel)64, 100

image processing, traitement d'images 73, 93

imply (to), impliquer (quelque chose) 17

import, importation 40

import licence, license d'importation 40

importer, importateur 40

in due course, temps opportun (en —) 24

in duplicate, en double exemplaire 15

in the event of, en cas de 15

in time (for something), à temps 11

in triplicate, en triple exemplaire 15

in-door environment, environnement de bureau 104

in-tray, corbeille « arrivée » 13

incapacitation, incapacité de travail 54, 84

include (to), inclure 17, 40

included image, image incluse 68, 91

income, revenu 23, 56

income bracket, tranche de revenu 56

incoming call, appel de l'extérieur 11, 62

incoming mail, message arrivant 18, 69

incoming message, message reçu (enregistreur) 69 ; message reçu (par répondeur) 19

increase, croissance 14

increase in value, plus-value 55

indebtedness, endettement 53

indemnify (to), indemniser 54

indent (to), alinéa (faire un —) 62 ; créer un alinéa 10

index, index 68

index card, bristol (fiche) 12

indexing slot, détrompage (fente de —) 103

industrial injury, accident du travail 51, 83

industrial park, zone industrielle 45

info-highway, inforoute 68, 91, 106

information, renseignement 22

information highways, autoroutes de l'information 63

input signal, signal d'entrée 112

input voltage, tension d'alimentation 113

insert (to), insérer 17, 68

insert a table (to), insérer un tableau 68

insert an index entry, insérer une clé d'index 68

insert formula (to), insérer une formule 68, 91

insert glossary entry (to), insérer à partir du glossaire 68

insert line above row, insérer une ligne au-dessus 68

insert nonbreaking hyphen (to), insérer un tiret insécable 68

insert optional hyphen (to), insérer un tiret conditionnel 68

insert tab (to), insérer une tabulation 17, 68

inspection hatch, trappe de visite 114

installer utility, logiciel d'installation 106

instalment, versement périodique 57

insulated feed-through, traversée isolée 114

insulating washer, rondelle isolante 111

insurance (— company), assurance (compagnie d'—) 51

insurance premium, prime d'assurance 55

integrated software package, intégré (logiciel) 106

intellectual property, propriété intellectuelle 55, 72

intercompany management syndicate, groupement d'intérêt économique 39

intern, stagiaire 86

international forwarding, transport international 45

internship, stage 86

introductory price, prix de lancement 42

inventory, stocks 44

investment, investissement (achat) 40, 54

invitation, invitation 17, 68

invoice, facture 38

invoicing, facturation 38

involve (to), impliquer (quelqu'un) 17

italic, italique 17, 68

item, article 11

jack, fiche (électronique) 105

jagged, dent de scie (en —) 14 ; dentelé 66

job, emploi 15

job interview, entretien d'embauche 38, 84

joker, passe-partout (caractère) 71

justification, justification (typographie) 68

justified, justifié 68

key chirps, parasites de contact 109

key-stroke, combinaison de touches 13 ; frappe de touche 17, 105 ; raccourci-clavier 22

key-stroke combination, combinaison de touches 101

keyboard, clavier 13, 100

keyword, mot-clé 70

know-how, savoir-faire 56, 72

knurled-head screw, vis moletée 115

label, étiquette 15

label of origin, appellation d'origine 35

labourforce, main d'œuvre 40

landscape, orientation paysage 71

laptop computer, ordinateur portable 108

larger font size, taille de caractère supérieure 73

laser, laser 106

laser diode, diode laser 103

last name (US), nom de famille 85

last text area (to), dernière zone texte 66

late, en retard 15

launch (to), lancer 40

lay off (to), licencier (pour raisons économiques) 40, 85

layoff, réduction de personnel 83

leaflet, prospectus 43, 72

lease, bail de location 35

leasing, crédit bail 53

leaves of an exercise book, feuilles de cahier 16

lecture notes, notes de cours 70

left justify (to), justifier à gauche 68

left-luggage ticket, bulletin de consigne 12

length of service, ancienneté 83

letter, lettre 17

letter of complaint, lettre de réclamation 18, 69

letterhead, en-tête 66

lettre of condolence, lettre de condoléances 18

level out (to), stabiliser (se —) 23

liabilities, passif 55

library, bibliothèque (salle) 63

licence plate, plaque d'immatriculation (voiture) 55

life cycle, cycle de vie 102

life insurance, assurance-vie 51

lightning strike, foudre 105

limited liability company, société à responsabilité limitée (SARL) 44

line, ligne 18, 69

line break, saut de ligne 23 ; insérer un saut de ligne 68

line count, nombre de lignes 70

line number, numéro de ligne 19

line spacing, espacement des lignes 15, 67

line style, style de trait 73, 112

line title, tête de ligne 24

liquid cristal display, écran plat à cristaux liquides 104 list (price —), barème (tarif) 35

literature, documentation 37, 66

litigation, litige 54

loan, crédit à la consommation 53 ; prêt 55

local area networks (LAN), réseaux locaux industriels 111

local call, appel local 11, 62

lock out (to), verrouiller 114

lock washer, rondelle frein 111

locked (— file), verrouillé (fichier —) 114

log, journal 106

log book, carnet de bord 100

log-in (to), se connecter (par réseau) 72, 112

log-off, déconnexion (de réseau) 103

log-screw, tire-fond 113

logarithmic, logarithmique 92

long term, long terme 18

long-distance, interurbain 17, 68

look up (to), consulter (une liste) 13, 65, 102

loose sheet, feuille volante 67

loose-leaf notebook, classeur à anneaux 13

loss, sinistre 56

losses, pertes 41, 55

low-cost version, version bas de gamme 114

lower case letter, caractère minuscule 69 ; minuscule (caractère) 19

lowercase, minuscules 69

lump sum, somme globale 56

machine tool, machine-outil 40

maiden-name, nom de jeune fille 85

mail, courrier (postal) 13

mail merge, fusion (courrier) 17, 67

mail order, commande par correspondance 36

mail-out list, liste de distribution 18, 69

mailbox, casier (à courrier) 12

mailing label, étiquette-adresse 105

main dish, plat principal 21

maintenance, entretien (réparation) 104 ; réparation 38

make (to) an appointment, prendre rendez-vous 21

make money (to), gagner de l'argent 39, 54

make out (to), déchiffrer 65

management, direction 37

manager, directeur 37

manpower, main d'œuvre 40

manual, manuel (mode d'utilisation) 18, 69

manufacturer, fabricant 38

manufacturing automation, automatisation de production 35, 99

manufacturing management, gestion de production 39

margin of error, marge d'erreur 92

marine insurance, assurance maritime 51

marital status, situation de famille 86

marker, indicateur (marqueur) 68 ; marché 41

market share, part du marché 41

market share ratio, taux de pénétration (du marché) 44

married, marié(e) 85

mass storage, mémoire de masse 107

master key, passe (clé) 41

matching line, ligne de comparaison 92

math coprocessor, co-processeur mathémathique 101

maximum, maximum 18

maximum rating, valeur limite 114

mean time between failure (MTBF), temps moyen entre pannes 113

mean time between removal (MTBR), temps moyen entre dépose 113

mean time to repair (MTTR), temps moyen de réparation 113

mechanical engineering, construction mécanique 36

meeting, réunion 23

memorandum, constat 52

memorandum (memo), note de service 41, 70

memory requirement, exigence en mémoire 105

menu, menu 18

menu command, article de menu 11

message, message 18

message center, centre de messages 64, 100

messy, désordre (en —) 14

microwave, micro-onde 107

microwave passive component, dispositif passif micro-onde 103

mid-range, milieu de gamme 41

middle management, cadre moyen 83

middleman, intermédiaire 40, 85

mileage requirement, miles requis (pour prime de fidélité) 19

milled-head screw, vis à tête moletée 115

millimetric microwave, onde millimétrique 108

mini-computer, mini-ordinateur 19, 107

minimum, minimum 41, 19

misrepresentation, fausse déclaration 54

missing, manquant 18

mistake, erreur 15

mobile telephone operator, exploitant de téléphone mobile 67

model, exemple 16

modify (to), modifier 19

modulator, modulateur 107

money market account, compte d'épargne (taux fluctuant) 52

monitor, moniteur 108

monkey spanner, clé anglaise 101

monograph, monographie 70

monolithic, monolithique 108

month, mois 19

monthly, mensuel 18

mortgage, crédit immobilier 37, 53 ; hypothèque 54

mouse cursor, pointeur de la souris 21

move (to), déplacer 14 ; déménager 37

move down one text area (to), descendre d'une zone texte 66

move left one text area (to), décaler à gauche d'une zone texte 65

move right one text area (to), décaler à droite d'une zone texte 65

move text (to), déplacer le texte 66

move to bottom of window (to), aller en bas de la fenêtre 10, 62

move to first text area (to), première zone texte 72

move to next line (to), ligne suivante 106

move to next page (to), page suivante 71

move to next paragraph (to), paragraphe suivant 71

move to next sentence (to), phrase suivante 71

move to next text area (to), zone de texte suivante 74

move to next window (to), fenêtre suivante 67, 91

move to next word (to), mot suivant 70

move to previous cell (to), aller à cellule précédente 90

move to previous line (to), ligne précédente 69, 92

move to previous page (to), page précédente 71

move to previous paragraph (to), paragraphe précédent 71

move to previous sentence (to), phrase précédente 71

move to previous text area (to), zone de texte précédente 74

move to previous word (to), mot précédent 70

move to top of window (to), aller en haut de la fenêtre 10, 62

move up one text area (to), monter d'une zone texte 70

movie making, production de films 110

multiplexer, multiplexeur 108

multitasking, multitâches 108

mutual fund, fond commun de placement 54 ; fond commun de placement (SICAV) 56

nail, clou 101

native code compiler, compilateur natif 101

nearest offer (o.n.o. = or nearest offer) (GB), à débattre 35, 51 ; débattre (à —) 37 ; prix à débattre 42

negotiation, négociation 41, 70

nested paragraph, paragraphe emboîté 71

net income, bénéfice net 52

net worth, capitaux propres 52

network manager, responsable de réseau 111

network operator, opérateur (de télécommunication) 108

networking application, logiciel en réseau 62 ; application-réseau 98

neutral, neutre (électrique) 108

new entry, nouvelle entrée 19

new line (NL), retour à la ligne 23, 72

new mail, nouveau message 70

new paragraph, insérer un nouveau paragraphe 68

new paragraph with same style, nouveau paragraphe avec le même style 70

new picture, insérer un graphique 68, 91

new window, nouvelle fenêtre 70, 92

nickname, diminutif 14

night shift, équipe de nuit 38

nightwatchman, gardien de nuit 39 ; veilleur de nuit 45

no lien holder (US), non gagé (véhicule) 55

no paragraph border, pas d'encadrement de paragraphes 71

noise factor, facteur de bruit 105

nonbreaking space, espace insécable 67

normal paragraph, paragraphe standard 71

notice, préavis 55, 85

notice (short —), délai (préavis) 37, 83

notify (to), aviser 63

nought, zéro (quantité) 26

null, zéro (résultat) 26

number, numéro 19

number of shares out, nombre d'actions émises 55

numeric keyboard, clavier numérique 13, 101

numeric lock, verrouillage numérique 74

numerical modelling, modélisation numérique 92

nut, écrou 104

object, objet 19

obsolescence, vieillissement 114

occurence, occurence 19, 92

odd number, nombre impair 19

off the record, officieux 55

off-line work, travail déconnecté (hors ligne) 25

office, bureau (immeuble) 35

office aid, garçon de bureau 39, 84

office automation, bureautique 12

office equipment, équipement de bureau 15

office furniture, moblier de bureau 19

office hours, heures de bureau 39

office rumor, bruit de couloir 12

office supplies, fournitures de bureau 16

office telephone number, téléphone bureau 24

OK button, bouton OK 12

old age insurance, assurance-vieillesse 51

on display, en exposition 38 ; exposé (en vitrine) 38, 67

on time, à l'heure 11

on-line work, travail en ligne 25

on-site, sur le terrain 112

on-the-job training, formation « sur le tas » 84

one way fee, frais d'abandon (location véhicule) 39

online help, aide en ligne 98

onscreen help, aide à l'écran 98

open (to), ouvrir 20

open any file (to), ouvrir tous types 20, 70

open mail, ouvrir la messagerie 70

open space propagation, propagation libre 110

opening, orifice 108

opening brace, accolade gauche 10, 62

opening parenthesis, parenthèse gauche 71

operand, opérande 108

operating expenses, charges d'exploitation 52 ; frais de fonctionnement 39

operating instructions, mode d'emploi 19, 107

operating profit, résultat d'exploitation 44

operating system (OS), système d'opération 113

operator, exploitant 38 ; opérateur 19

optic telecommunications, télécommunications optiques 113

optical fibre, fibre optique 105

optical scanner, numériseur optique 70

option, option 19

optocoupled logic input, entrée numérique opto-isolée 104

optocoupler, photocoupleur 109

optoelectronic, opto-électronique 108

oral exam, épreuve orale 91

order, commande 36

order form, bon de commande 35

organizer, carnet de rendez-vous 12, 64

out of focus, défocalisé 103 ; flou 105

out of order, en dérangement 15, 104 ; en panne 104 ; hors service 106

out of order line, en dérangement (téléphone) 18, 106

out of paper, plus de papier 109

out-tray, corbeille « départ » 13

outgoing call, appel vers l'extérieur 11, 62

outgoing message, message émis (par répondeur) 18, 69

outline, grandes lignes 17 ; plan 21

outline (format), relief 72

outline (view), mode plan 70

outline cmd prefix, préfixe des commandes plan 72

outline mode, mode plan 70

outlook, perspective 41, 71 ; point de vue 21

oval-head screw, vis à tête goutte de suif 115

over-the-counter, hors cote (bourse) 54

overall plan, plan de masse 42

overbooking, surlocation 24

overhead costs (GB), frais généraux 39

overhead projector (ohp), rétro-projecteur 72

overhead transparency, transparent projetable 74

overlapping, recouvrement (super-position) 22

overseas, outremer 19

packaging, conditionnement 36 ; emballage 37, 66, 104

padded envelope, enveloppe rembourrée 15

padding character, caractère de remplissage 64

page break, saut de page 23, 72 ; insérer un saut de page 68

page count, nombre de pages 70

page layout, mise en page 69

page mode, mode page 70

page number, numéro de page 19

page setup, effectuer la mise en page 15

page size, papier (taille) 20 ; taille papier 71

painting (bitmapped), dessin par point 66, 90

panel, volet 25, 74

paper, papier 20

paper basket, corbeille (à papier) 13

paper board, chevalet (conférence) 64

paperwork, paperasse 20

paragraph, paragraphe 20, 71

paragraph aligned to the left, aligné à gauche 10, 62

paragraph aligned to the right, aligné à droite 10, 62

paragraph border, encadrement des paragraphes 66

paragraph mark, marque de paragraphe 18, 69

parameter, paramètre 20

parametric analysis, approche paramétrique 90

parapheur, parafeur 20

parcelling out, lotissement (d'un contrat) 54

parent company, société mère 44

parenthesis (-theses), parenthèse 20, 71

parity check, parité (contrôle de —) 109

part-time, à temps partiel 86

party (US), correspondant (téléphone) 13

passing for payment, ordonnancement (facture) 41

passive component, composant passif 102

password, mot de passe 19, 108

paste (to), coller 13

paste a special character (to), coller un caractère spécial 64

paste link (to), coller avec lien 64, 90

patent, brevet 52, 63

pattern, motif 70

pause, temps d'arrêt 24

pay one's dues (to), cotiser 52

pay phone (US), taxiphone 24, 73

pay slip, bulletin de salaire 35, 83 ; feuille de paie 84

pay stub (US), bulletin de salaire 83 ; feuille de paie 38, 84

payment in kind, avantages en nature 51 ; paiement en nature 55

payslip, feuille de paie 38

pen-based, basé sur l'écriture 63

pending, en attente 35

pension fund, caisse de retraite 52

pension scheme, système de retraite 86

percentage, pourcentage 21

period (US), point (ponctuation) 21, 71

person in charge, responsable 86

person to person (to call), téléphoner avec avis d'appel 63

personal accident insurance (PAI), assurance des personnes transportées 51

personal assistant, secrétaire 23, 86

personal belongings, effets personnels 53

personal belongings insurance, assurance des effets personnels 51

personal data, curriculum vitae 83

photocopier, photocopieur 20

photocopy machine, photocopieur 20

photoengraving, photogravure 71

photographic retouching, retouche photographique 72, 92

physical injury, préjudice corporel 55

pica, pica 71

pick up (to) (US), prendre en voiture 21

pickup, reprise (économique) 43

picture in picture (PIP), image incluse (TV) 68, 106

picture tube, tube cathodique 114

pin, broche (connecteur) 99 ; goupille 105

pin assignments, brochage 99

pinion, pignon 109

plain language, langage clair 69

plain text, texte standard 73

planning permission, permis de construire 41

platform elevator (US), monte-charge 108

please forward, prière de faire suivre 21

plot (to), tracer 24

plug, fiche (électrique) 16

point, point (typographie) 71

point size, taille de caractère 73

pole piece, masse polaire 107

police station, poste de police 21

political milieu, milieux politiques 69

pop-up window, fenêtre ouvrante (graphique) 67, 91

portable ruggedised workstation, station durcie portable 112

position, position 109 ; poste (hiérarchique) 85

post, emploi 15, 83

post office, bureau de poste 12 ; poste (bureau de —) 21 ; poste (administration de la —) 42, 85

postcode (GB), code postal 13

poste restante (GB), poste restante 21

postpone (to), remettre à plus tard 22 ; reporter 22

Postscript™ (language), langage PostScript™ 109

power circuit, circuit de puissance 100

power cord, câble secteur 12, 100

power cut, panne de secteur 109

power line fuse protection, fusible secteur 105

power of attorney, procuration 43, 55

power plug, prise (électrique) 21, 109

power requirement, puissance nécessaire 110

power socket, prise secteur 21, 110

power supply circuit, circuit d'alimentation 100

power user, utilisateur intensif 114

precedence, antériorité 51, 62

preface, préface 72

preliminary announcement, annonce en avant-première 62

premises, locaux (commerciaux) 40

premium, prime (à payer) 42

present position, poste actuel (emploi) 85

preset code, code préprogrammé 101

president, président (de société) 85

President (US), président-directeur général 42

previous cell (to move to —), cellule précédente (aller à la —) 64

previous years, exercices antérieurs 38

price, prix (coût) 42

price-earnings ratio (PER), rapport cours/bénéfice 56

pricelist, tarif 44

pricing policy, politique de prix 42

primary, primaire 21, 92

print merge, fusion (courrier) 67

print merge helper, aide à la fusion 98

print preview (to), aperçu avant impression 11, 62

printer, imprimante 106

printer options, options de l'imprimante 108

printing (non —), imprimable (non —) 68

printing options, options d'impression 70

printing zone, zone d'impression 26, 115

prior balance, solde précédent 56

private assistant, secrétaire de direction 44

procedure, procédure (juridique) 55

process control, contrôle de processus 102

processing power, puissance de calcul 72, 92

product line, ligne de produits 40

product manager, chef de produit 36, 83

product update, modification 107

professional ethics, déontologie 66

professional record, expérience professionnelle 38, 84

profit, profit 43

profit margin, marge bénéficiaire 54 ; marge brute 41

profit sharing, intéressement (aux bénéfices) 40, 84

profitability, rentabilité 56

programmable controller, automate programmable 99

programming language, langage de programmation 92

project management, planification 42

projecting line, ligne de projection 92

promissory note, billet à ordre 52

promotion, promotion 43, 86

property, foncier 54

prospect, contact commercial 36

protected, protégé 110

proxy, fondé de pouvoir 39, 84 ; procuration 43, 55

pry gently (to), tirer doucement 113

public utilities, service public 44

publisher, éditeur 66

pulley, poulie trapézoidale 109

pulse dialing, numérotation par impulsions 108

punched washer, rondelle décolletée 111

purchase, achat 35

purchase price, prix d'achat 42

purchasing power, pouvoir d'achat 55

put away (to), ranger 22

put on file (to), ficher 16, 67

put out (to), exclure 16

private limited company (GB), société anonyme (SA) 44

qualifications, titres et compétences 86

qualified, expérimenté 38, 84

qualified service technician, technicien qualifié 86, 113

quality control, qualité (service —) 43

quality control tool, système d'inspection 113

quality man, qualiticien 43

quarterly, trimestriel 25

quinquennial, quinquennal 22

quit (to), quitter 22

rack, baie (électronique) 99 ; chassis (électronique) 100

rack (and pinion), crémaillère (et pignon) 102

rally, reprise (Bourse) 43

range, plage de valeurs 21, 92

rank (to), se classer 36

raster screen, écran à balayage 104

ratchet, cliquet 101

ratchet wheel, roue à rochets 111

rate, taux 24

raw materials, matières premières 41

read (to), lire 18

read out loud (to), lire à haute voix 18, 69

readout device, unité d'affichage 114

real estate, immobilier 40, 54

real estate agency, agence immobilière 35

real estate credit, crédit immobilière 37, 53

ream, rame de papier 22

reboot (to), redémarrer (ordinateur) 22, 110

recessed part, partie en creux 109

rechargeable battery, batterie (électrique) 99

record, dossier (d'affaire) 15

record (to), archiver 11 ; enregistrer 66

records, archives 98

recruitment, recrutement 43, 86

red tape, bureaucratie 12

reduction (noise —), atténuation de bruit 99

reduction of staff, réduction de personnel 86

references, références 22

registered letter, lettre recommandée 18

registered office, siège social 44

registration, immatriculation (véhicule) 54

registration card, carte d'enregistrement 64

regulation, procédure (réglement) 22

regulation price, prix imposé 43

reimbursement of expenses, remboursement de frais 43, 86

relational database (package), base de données relationnelle 63, 90

reliable, fiable 16, 105

remote computer, ordinateur distant 108

remote control, commande à distance 101

remote diagnosis, télédiagnostic 113

remote retrieval, accès à distance 98

remote retrieval (with —), interrogeable à distance 106

remote retrieving, interrogation à distance 17, 68

removable hard disk, disque dur extractible 103

remove from menu (to), supprimer du menu 112

rename (to), renommer 110

rent, loyer 40

rent (to) (US), louer 40

rental agency, station de location 44

rental agreement, contrat de location (voiture) 36

rental minimum age, age minimum (pour louer une voiture) 35, 83

renter, locataire (voiture) 18

renumber (to), renuméroter 110

repaginate now (to), repaginer maintenant 72

repair (in good —), état (en bon —) 15, 105

repairman, réparateur 22, 110

repayment of expenses, remboursement de frais 43, 86

replace (to), remplacer 22, 110

replacement part, pièce de rechange 20, 109

reply, réponse 22

reply (to), répondre 22

report, note 70

report to (to), dépendre de 37, 83

represent (to), représenter 72

representative (rep), représentant de commerce 43, 86

reprint, tiré à part 73

request for proposals (RFP), appel d'offres 35

requirement, exigence 38

requirements (US), cahier des charges 35

research (to), rechercher 92

reseller, revendeur 44

residence permit, permis de séjour 85

residential subscriber, abonné résidentiel 98

resolution, résolution 111

responsible for, responsable de 43, 86

restart (to), redémarrer 22

resume, curriculum vitae 83

retail, vente au détail 37

retail price, prix de détail 42

retailer, détaillant 37

retained earnings, bénéfices non distribués 52

retirement plan (US), système de retraite 86

retraining, recyclage (personnes) 86

retroactive, rétroactif (juridique) 23, 56

return charge, frais d'abandon (location véhicule) 39

return charge (to call —) (GB), PCV (téléphone) 20, 71

return flight, vol de retour 25

revert to style, style standard 73, 112

review, critique (compte rendu) 65

revised edition, édition remaniée 66

reward, prime (de fidélité) 21

reward code, numéro de compte de fidélité 19

rework station, station de dépannage 112

right angle, angle droit 90

right justify (to), justifier à droite 68

right number, numéro correct 19

right side, côté droit 102

ring, sonnerie (téléphone) 23

ring up (to) (GB), téléphoner 24

robotics, robotique (la –) 92

rock bottom price, prix écrasé 42

roll down menu, menu déroulant 107

roll shutter, classeur à rideau 36

roller, galet 105 ; rouleau 111

round-head screw, vis à tête ronde 115

routine work, travail routinier 45

royalties, droits d'auteur 53, 66

rubber band, élastique (bande —) 104

ruggedised model, version durcie 114

ruler, règle (de dessin) 72

run off (to), tirer (nombreux exemplaires) 73

rundown of staff, réduction de personnel 83

runtime (at —), exécution (au cours de l'—) 105

safety belt, ceinture de sécurité 36, 83

safety margin, marge de sécurité 41

safety regulation, réglement de sécurité 43, 110

salary, paie 20, 85 ; salaire 86

salary scale, barème des salaires 83

salary squeeze, compression de salaire 83

sale price, prix de vente 21

sales, chiffre des ventes 36 ; ventes 45

sales manager, directeur des ventes 37

salesman, représentant de commerce 43, 86 ; vendeur 45, 86

salesperson, vendeur ou vendeuse 45

saleswoman, vendeuse 45

same type fuse, fusible de même type 105

sample, échantillon 37

save (to), enregistrer 15

save as (to), enregistrer sous 15

saving account, compte d'épargne (taux fixe) 52

scale (to), mettre à l'échelle 92

scaling, mise à l'échelle 92

scanning frequency, fréquence de balayage 105

scanning system, système de numérisation 73

scattering media, milieu diffusant 107

scheduling (of production), ordonnancement (production) 41

scratch pad, papier de brouillon 20

screen grabbing, capture d'écran 100 ; recopie d'écran 63

screen memory, mémoire écran 107

screw, vis 114

screw-clamp, serre-joint (à vis) 112

scroll (to), faire défiler 16

scroll bar, ascenseur d'interface graphique 11 ; barre de défilement 11, 62, 63

scroll line down, défiler d'une ligne vers le bas 65, 90

scroll line up, défiler d'une ligne vers le haut 65, 90

scroll screen down, défiler d'un écran vers le bas 65, 90

scroll screen up, défiler d'un écran vers le haut 65, 90

seam, joint 106

seasonal swing, variation saisonnière 25

secondary, secondaire 23, 92

secondary school studies, études secondaires 91

secretarial management, secrétariat 23

secretary, secrétaire 23, 86

section (document), division (document) 66, 103

section break, insérer une nouvelle division 68

security, titre valeur boursière 56

security lock, verrou de sûreté 114

select (to), sélectionner 23

select all (to), sélectionner tout le document 72

selection, sélection 23

selector button, bouton de sélection 99

self-addressed stamped envelope, enveloppe timbrée 15

self-contained application, application autonome 98

self-seal envelope, enveloppe auto-collante 15

self-starter, doué d'initiative 83

self-tapping screw, vis auto-taraudeuse 114, 115

selling price, prix de vente 42

semi-annual, semi-annuel 23

semi-colon, point-virgule 21, 71

semiconductor, semiconducteur 111

seminar, séminaire 92

send (to), envoyer 15

send mail (to), envoyer un message 66

sender, expéditeur 38

senior executive, cadre supérieur 83

seniority, ancienneté 83

server, serveur 112

service manual, manuel d'entretien 107

servicing, service après-vente 112

set objectives (to), fixer des objectifs 39

set of axes, système d'axes 93

set style (to), définir les styles 65

setting washer, rondelle de calage 111

settlement (of invoice), règlement (de facture) 43

severance pay, indemnité de licenciement 40, 84 ; prime de licenciement 86

shadowed, ombré 70

shaping, mise en forme 19

share, action (valeur boursière) 51

shared, partagé 20

shareholder, actionnaire 51

shield ground, blindage 99

shielded twisted pair (STP), paire torsadée blindée 108

shift key, touche majuscule 113

ship (to), expédier 38

shipment, expédition 38

short menus, menus abrégés 107

short term, court terme 37

show clipboard (to), afficher le presse-papiers 10, 62

show ruler (to), afficher la règle 10, 62

showroom, exposition (salle d'—) 67 ; salle d'exposition 38

shredder, déchiqueteuse 14

sickness insurance, assurance maladie 51

side by side, côte à côte mise en page) 65

side note, note marginale 70

signal processing, conditionnement de signaux 102

signature, signature 23

silent partner, commanditaire 36

silk-screen printing, impression sérigraphique 106

simulation (numerical —), simulation numérique 92

single, célibataire 83

single face, simple face 112

single room, chambre pour une personne 12

site licencing, licence site 106

size, taille 24

size (to), dimensionner 14

sketch, croquis 65

skewed, désaligné 14 ; mal aligné 18

skill, talent 73

slack period, temps mort 44

sliding scale, échelle mobile 37

slot-headed screw, vis à tête fendue 115

small caps, petites capitales 71

small change, menue monnaie 55

smaller font size, taille de caractère inférieure 73

smart card, carte à puce 12

social class, milieu social 69

socket, douille, 103 ; embase 104 ; support (de composant) 112

socket wrench, clé à douille 101

soft soldering, soudure à l'étain 112

soldering iron, fer à souder 105

soldering-bit, panne (de fer à souder) 109

solid state laser, laser à semiconducteur 106

sort (to), trier 25

sorting order, sens du tri 23

sorting out, tri 25, 93

source file, module source (ordinateur) 108

source of bright light, source de lumière vive 112

space, espace 15, 66

spacing washer, rondelle d'écartement 111

spanner, clé (à écrou) 101

spare part, pièce de rechange 20, 109

spare parts storage, stock de pièces détachées 112

spare time, temps libre 24

special attention list (SPALT), liste des personnalités 69

special offer, promotion (vente en —) 43

specialty of the house, spécialité de la maison 23

specification, notice technique 41, 70

specification sheet, fiche technique 38, 67

specifications, cahier des charges 35

spectrum analyser, analyseur de spectre 98

speedometer, tachymètre 113

spell-checker, correcteur orthographique 13, 65

spelling, orthographe 19

spelling (to check —), vérifier l'orthographe 74

spindle, broche (mécanique) 100

split washer, rondelle fendue 111

split window (to), diviser la fenêtre 14, 66

spokesman, porte-parole (homme) 72

spokesperson, porte-parole 72

spokeswoman, porte-parole (femme) 72

spreadsheet, feuille de calcul 16, 91 ; tableur 73, 93

spring, ressort 111

spring washer, rondelle élastique 111

square, carré 90

square brackets, crochets 14, 65

square-head screw, vis à tête carrée 115

stacked, empilé 15

staff, effectif 37, 83 ; personnel 85

stamp (to), poinçonner 109

stand-alone (utility), utilitaire autonome 99

standard type, type standard 74

staple, agrafe 10

stapler, agrafeuse 10

star head screw, vis à tête cruciforme 115

start of document, début du document 14, 65

start of line, début de la ligne 14, 65

start screen, écran de démarrage 15, 66, 104

start-up costs, frais d'établissement 39

starting salary, salaire de départ 86

state servant, fonctionnaire 39, 84

state-of-the-art, haut de gamme 91, 105

statement, déclaration 65 ; relevé (de compte) 56

stationer's shop, papeterie (boutique) 41

stationery, papeterie (fourniture) 20

statistics, statistiques 23, 93

status information, mot d'état 108

statutory auditor, commissaire aux comptes 52

stay, séjour 23

sticker, autocollant 11

sticky tape, ruban adhésif 23, 111

still video, vidéo image par image 114

stock, titre valeur boursière 56

stock exchange, bourse (finance) 52

stockbroker, agent de change 51

stop (to), annuler (arrêter) 98

stop washer, rondelle d'arrêt 111

store (to), mettre en réserve 19

store-room, réserve (salle) 43

strain relief, serre-câble 111

stretcher, brancard 35, 83

stretcher, civière 36

strike (on —), grève (en —) 54, 84

strikethru (strike through), barré 11, 51, 63

string (character), chaîne (de caractères) 64, 100

string name, nom de série 92

stripper, pince à dénuder 109

stub, souche 44

study, étude 91

style, style 24, 73, 112

submit (to), soumettre 23

subscript 2 pt, indice 2 pt 68, 91

thoroughly, fond en comble (de) 16

thread, filetage 105

three-party conferencing, conférence à trois (téléphone) 13, 65

through flight, vol direct 26

throughout the world, dans le monde entier 14, 37

thumbscrew, vis à oreilles 114

tick (to) (GB), cocher 13

ticket office, guichet (de gare) 39

ticketing office, comptoir de réservation 13

tightening (of screw), serrage (de boulon) 111

tilt (to), basculer 11 ; incliner 17

time zone, fuseau horaire 17, 91

time-machine, horloge pointeuse 40, 84

time-sharing, en temps partagé 113

tinfoil, papier aluminium 20

tip, astuce 11, 99 ; truc 25

title bar, barre de titre 11, 63

today's special, plat du jour 21

toll free services, services gratuits (téléphone) 23, 73

toll line, ligne à péage 69

tone dialing, numérotation multifréquences 108

tool box, outils (boite à —) 41, 108

top quality, haute qualité 39

top-of-the-line, haut de gamme 67, 91, 105

track ball, boule roulante 99

trackability, traceabilité 113

Trade Register, Registre du Commerce 43

trainee, stagiaire 86

traineeship, stage 86

training, éducation 91

training period, stage 86

transient fault, erreur fugitive 104

transistor, transistor 114

transportation, transport 25

trash, corbeille (poubelle) 13 ; poubelle 21

travel expense account, relevé de déplacement 43, 86

traveler's check (US), chèque de voyage 12, 52

traveller's cheque, chèque de voyage 12, 52

tray, corbeille (panier) 13

trial, essai 84

trigger (to — off), déclencher 103

triggering, déclenchement 103

tristate logic, trois états (logique à —) 114

troubleshooting, procédure de dépannage 110

turnkey project, projet clé-en-main 36

turnover, chiffre d'affaire 36, 52

tweezers, précelles 109

twin beds, lits jumeaux 18

two-monthly, bimestriel 12

two-way, bidirectionnel 99

two-yearly, biennal 12

type, type 25

typewrite (to), taper à la machine 24

typing, dactylographie 65

typist, dactylo 37, 83

unassign keystroke (to), plus d'équivalent clavier 71

underline, souligné 23, 73

underling, subalterne 44

underwrite (to), souscrire (assurance) 56

undo (to), rétablir 111

unemployment, chômage 83

unemployment benefit, allocation de chômage 51, 83

unemployment insurance, assurance chômage 51

unfortunately, malheureusement 18

uninterruptible power supply (UPS), alimentation ininterruptible 98 ; onduleur 108

unit, unité 25

unit charge, unité (téléphone) 25

Universal Product Code (UPC), code à barres 101

universal time (TU), temps universel 113

University degree, diplôme universitaire 91

unnest paragraph (to), supprimer emboîtement 73

unread, non lu 19, 70

unshielded twisted pair (UTP), paire torsadée non blindée 108

up-to-date, à jour 11, 99

update, mise à jour 19, 107

update link (to), mettre à jour sur lien 69

upgrade, surclassement 24

upper case, majuscules 18, 69

upward turn, reprise (économique) 43

US keyboard (QWERTY), clavier US 101

use (to), employer 15

user, utilisateur 25

user configurable, personnalisable 109

user control, commande utilisateur 101

user terminal, terminal d'utilisateur 113

user trade show, forum pour utilisateur 67

utility (software), utilitaire (logiciel) 114

V-twist misconvergence adjustment, convergence verticale 102

vacancy, poste disponible 85 ; vacance (absence) 25

vacation (US), vacances (partir en —) 25

valid through, valide jusqu'à 57

value, valeur 25, 57

value added tax (VAT), taxe sur la valeur ajoutée (TVA) 44

valve, clapet 100

vending machine, distributeur (appareil —) 103 ; distributeur automatique 14

very important person (VIP), personnalité de marque 71

vice-président, directeur général adjoint 37

video bandwith, bande passante vidéo 99

video conferencing, vidéo-conférence 25, 74

video monitor, écran vidéo 104

video RAM (VRAM), mémoire vidéo 107

video socket, prise vidéo 110

videophone, visiophone 74

view, vue 26, 74

vintage wine, vin millésimé 25

visitor, visiteur 25, 74

visual perception, interprétation visuelle 17, 92

vocational training, formation professionnelle 84

voice mail, messagerie vocale 69

volume, tome 73

wage, paie 20, 85

wage bill, masse salariale 85

wage-earner, salarié 86

wall outlet, prise murale 110

warm-up time, temps de chauffe 113

warning signal lamp, lampe témoin 106

warranty, garantie 54 ; bénéfice de la garantie 99

warranty claim, intervention sous garantie 106

washer, rondelle 111

watchman, gardien 39, 84

wavelength, longueur d'onde 107

way in, entrée 15

way-bill, lettre de voiture 40

weather forecast, prévision météorologique 21

weather report, bulletin météorologique 63

wedge, cale 100

weekly, hebdomadaire 17

weight, poids 109

welcome, bienvenue 63

well established, notoriété publique (de —) 19, 70

well versed (to be — in), bonne connaissance (avoir une — de) 90 ; expert (être — en) 91

wharehouse, entrepôt 37

wholesale, gros (vente en —) 39

wholesale dealer, grossiste 39

wholesale price, prix de gros 42

wholesaler, grossiste 39

widow, veuf (— ve) 25

widowed, veuf (— ve) 86

window, fenêtre (graphique) 67, 91 ; guichet (vitré) 39

window envelope, enveloppe à fenêtre 15

window zoom, zoom sur la fenêtre 26, 74

wing-screw, vis à ailettes 114

wire-cutter, pince coupante 109

wireframe 3D view, vue 3D fil-de fer 74, 93

wireless terminal, terminal radio-électrique 113

withdrawal, retrait 56

withholding tax, prélèvement forfaitaire (impôt) 55

without delay, sans retard 23, 44

witness, témoin 56

wonder whether (to), se demander si 23

word count, comptage des mots 13, 65 ; nombre de mots 70

word processing, traitement de texte 24, 73

word underline, mot souligné 19, 70

wording, formulation 16, 67

work overtime (to), faire des heures supplémentaires 38, 39, 84

work force, population active 42, 85

work group, groupe de travail 39, 84

work permit, permis de travail 55, 85

work-station, station de travail 112

working capital, fond de roulement 39

working session, séance de travail 44

workload, charge (de traitement) 100

workshop, atelier 90, 99

world-wide company, compagnie mondiale 36 ; groupe international 39, 64

worldwide network of dealers, réseau mondial de distributeurs 43

worm-gear, engrenage à vis sans fin 115

wrapping paper, papier d'emballage 20

write protected, protégé à l'écriture 110

write-up, critique 65

writer, écrivain 66

writing pad, bloc de papier 12

writing-paper, papier de machine à écrire 20, 71
written exam, épreuve écrite 91
wrong number, faux numéro 16, 67
X-axis, axe des abcisses 90
Y-axis, axe des ordonnées 90
year, année 10
yearly, annuel 11

yellow pages, annuaire par professions 62 ; « pages jaunes » 20
yield, rendement 56
yours sincerely, veuillez agréer… 25
Z-coordinate, côte (z) 90
zero, zéro (chiffre) 26
ZIP code (US), code postal 13
zone, zone 26

achevé d'imprimer en septembre 1996
sur les presses de Cox & Wyman Ltd
(Angleterre)

DATE DUE   A.-Taché